企 廉

“六廉”典型人物选集

易铁军　陈立峰◎主编

燕山大学出版社

·秦皇岛·

图书在版编目（CIP）数据

企廉：“六廉”典型人物选集／易铁军，陈立峰主编．— 秦皇岛：燕山大学出版社，2022.5

ISBN 978-7-5761-0317-5

I. ①企… II. ①易… ②陈… III. ①国有企业－廉政建设－中国－学习参考资料 IV. ① D630.9

中国版本图书馆 CIP 数据核字（2022）第 043956 号

企廉——“六廉”典型人物选集

易铁军　陈立峰　主编

出 版 人：陈　玉
责任编辑：刘馨泽
责任印制：吴　波
书籍设计：方志强
出版发行：燕山大学出版社 YANSHAN UNIVERSITY PRESS
地　　址：河北省秦皇岛市河北大街西段 438 号
邮政编码：066004
电　　话：0335-8387555
印　　刷：秦皇岛墨缘彩印有限公司
经　　销：全国新华书店

尺　寸：	160mm×230mm 16 开	印　张：	15
版　次：	2022 年 5 月第 1 版	印　次：	2022 年 5 月第 1 次印刷
书　号：	ISBN 978-7-5761-0317-5	字　数：	172 千字
定　价：	68.00 元		

编 委 会

顾　问：张建强

主　编：易铁军　陈立峰

编　委：刘小刚　侯映晖　刘　军　丁建强　张占成
张宏伟　孙学龙　王　伟　陈抖林　刘招华
何旭辉　李世敏　伊忠强　闫小平

编 创 组

组　长：刘小刚

副组长：王　伟　孙学龙

组　员：姜宗福　常焱锋　黄小平　张妹妹　方金娜
段宏杰　杨瑞峰　孙晓航

中国中铁党委书记、董事长陈云（右二）参观中铁工业“建党百年、工业报国”展览

中国中铁党委副书记、总裁陈文健（左三）参观中铁装备“六廉”工作室

中国中铁党委副书记、工会主席王士奇（右二）参观中铁山桥“六廉”文化长廊

中国中铁党委常委、纪委书记张建强（右二）为中铁山桥“六廉”工作室揭牌

《中铁工业“六廉”文化选集》正式发布

地方纪委监委为“六廉”工作室揭牌

序　言

党的十八大以来，以习近平同志为核心的党中央统筹中华民族伟大复兴战略全局和世界百年未有之大变局，坚持全面从严治党，推动党和国家事业取得历史性成就、发生历史性变革。中铁工业各级纪检组织紧密围绕企业中心工作，紧扣高质量发展主题，积极践行“三个转变”，忠诚履行监督执纪问责职责。大力加强企业廉洁文化建设，将习近平总书记的重要论述与中国优秀廉政文化相结合，提炼形成“守正创新、六廉兴企”的廉洁文化理念，并围绕平台铸廉、睹物思廉、阳光照廉、文化兴廉四个方面，深入开展“六廉”文化品牌培育工作，多载体提升依规依纪依法履职能力，多渠道筑牢拒腐防变自律思想防线，“六廉”文化已成为推动中铁工业高质量发展的坚强作风保障。

为进一步推进全面从严治党向纵深发展，充分发挥典型表率引领作用，中铁工业坚持以廉为先、廉能并重原则，在全公司范围内选树了“廉善、廉能、廉敬、廉正、廉法、廉辨”六位典型。他们有的是设计研发岗位的能手、管理岗位的领导干部，有的是基层一线的产业工人、纪检战线的尖兵，有的是产品质量的把关人、桥梁行业的首席专家，还荣获了全国优秀共产党员、央企楷模、中央企业抗击新冠肺炎疫情先进个人等多项荣誉称号，在他们身上集中体现了中铁工业人的理想信念和价值追求。他们不但是社会经济建设中的架海金梁、大国工匠，更是企业改革发展中的平民英雄、凡人力量。

习近平总书记强调：“清正廉洁作表率，重点是教育引导广大党员干部保持为民务实清廉的政治本色，自觉同特权思想和特权现象作斗争，坚决预防和反对腐败，清清白白为官、干干净净做事、老老实实做人。”在建党百年之际，我们编辑出版《企廉——“六廉”典型人物选集》，旨在落实习近平总书记“清正廉洁作表率”的重要指示精神，挖掘“六廉”典型人物事迹。本书以独特的纪实笔法，讲述了6位典型人物背后那些不为人知的工作、生活和廉洁故事，讲述了国有企业将“六廉”文化与管理进行有效融合的创新实践，展示了一批批为企业健康发展作出突出贡献的人和事，展示了一种种为企业高质量发展历练出的工匠精神，展示了一个个发生在我们身边的有血有肉、铁骨柔情的“廉洁力量”。

涓涓不塞，将为江河。希望通过典型示范，引导、激励中铁工业广大干部职工以“六廉”典型为榜样，做到学廉、思廉、崇廉、践廉，不断提升“善、能、敬、正、法、辨”六种能力，以正面典型激发向善向上的正能量，在全公司营造风清气正的良好氛围，为实现企业高质量发展、培育世界一流企业作出新的更大贡献。

中国中铁党委常委、纪委书记 张建强

2022年1月1日

目　录

第一篇　攻关盾构『杜鹃』盛开

——中铁装备副总经理、『廉善』典型王杜娟

第一篇　攻关盾构　“杜鹃”盛开

——中铁装备副总经理、“廉善”典型王杜娟

你高举“三个转变”的旗帜，坚毅前行，引领中国盾构技术不断攀上世界高峰；你用自主创新的笔墨，随意挥洒，开启了国产盾构产业化发展之路，让民族工业的脊梁挺立起来。在庞大的盾构面前你显得有些娇弱，但在振兴民族盾构事业的洪流中，你的身影却尤为高大。

“大家好！我是今天的党课主讲人，来自中铁工程装备集团有限公司的王杜娟，我踏入这个行业快20多个年头了……”在河南卫视《党课开讲啦》现场，王杜娟以干练的姿态、自信的笑容、自豪的语调讲述着自己与盾构的不解之缘，描绘着国产盾构的发展之路。此时此刻，伴随着引人入胜的讲述，一幅幅过往的画面浮现在她的脑海中……

一、打破垄断势在必行

秦岭，是长江、黄河分水岭，南方、北方分界线，号称天下大阻、九州之险。1995年，穿越秦岭的西康铁路被列入国家西部大开发战略。这是一条当时桥隧比最高的铁路，其中位于长安县和柞水县交界处的秦岭隧道，两线并行，全长18.46千米，最大埋深1600米，隧道两端高差155米。隧道长度为当时国内第一、世界第六。这里地处北秦岭

中国中铁
中国中铁
中国中铁装备

中低山区，地质构造复杂，地质灾害严重，断层、涌水、岩爆等难题，一个个摆在施工者面前。

“砰！”这是岩爆。毫无征兆地，大块小块的石头，从侧壁、拱顶纷落如雨，毁车伤人。“我们不干了！”有的施工队被吓破了胆，收拾行李走了。

迎难而上，承担施工重任的中铁隧道局坚持了下来。

为了保障安全、缩短工期，中铁隧道局第一次吃了“螃蟹”——采用一台从德国进口的价值 3 亿多元的硬岩掘进机进行施工。这是我国第一次在隧道施工中使用大型掘进机。盾构施威，高山颤抖。Ⅱ线隧道实现了无爆破、无振动、无粉尘快速掘进，创造了月掘进 528 米和日掘进 40.5 米两项全国纪录，达到国际先进水平，比Ⅰ线隧道提前 10 个月贯通。

但是，这份意想不到的高效率背后是数不尽的艰辛，彼时刚刚入职的王杜娟，亲历了这一切……

一场奇怪的谈判

曾经外方要卖给我国一台旧盾构，但价格要按照新盾构结算，并且配件要加价一倍。“真是岂有此理！”虽然不知道事情的来龙去脉，刚出校门的王杜娟还是被惊呆了。由于这种无理要求，谈判一下子陷入僵局。等中方提出再次商谈时，外方代表已不告而别。

一堆无奈的妥协

王杜娟和同事们根据外方图纸，加工一个简单的拖车钢结构件，细心的王杜娟发现，图纸中有几处错误。毕竟刚工作，她怕是自己看错了，就跟师傅求证。结果，她发现，师傅拿着图纸也在皱眉，用红笔在图纸上圈了又圈。大家索性把各自发现的错误都说了出来，这下子不得了，仅其中一个部件，错误就非常多。不过，因为不是设计方，王杜娟他们无权修改图纸，只好恳请外方派设计人员来处理。“你们负责往返交通、食宿。住五星级酒店，每天要保证有牛排，每天工作8小时，周末不加班，出门开始算工作时间，日工资1万元人民币……”一长串要求提出，王杜娟和同事们傻了，也怒了：“你们图纸错误，不但没有赔偿还要收费！”王杜娟陷入了沉思：“没有核心技术就没有话语权，永远只能受制于人。”咽下怒气，强作欢颜，大家迎接远道而来的一位位“洋专家”。

一次无理的要求

一台“洋盾构”趴窝了，每天都会带来近百万元的损失。心急如焚的中国人只能眼睁睁地看，急切切地等。再次求援，“洋专家”提出苛刻要求：“中午要游泳，维修时中国人不能在场。”工人们只好在工地上修一个游泳池。王杜娟心想，服务得这么精心，“洋专家”总该满意了吧，然而并不是。“洋盾构”再次“生病”了，“洋专家”在井下待了半小时就开出了“处方”：液压系统出现严重损毁，需重新购置。对盾构已经有所了解的中国人也悄悄“诊断”过，对液压系统稍加改造即可，比“洋处方”节省300万元。听到中国人的建议，“洋专家”勃然大怒，拂袖而去。

一次次的屈辱，在王杜娟和同事们的心底烙印下愤怒，萌发出梦想：一定要造中国人自己的盾构！这是个人的执念，是企业的渴盼，也是国家的梦想。2001年，中铁隧道局承担的“关于隧道掘进机关键技术的研究”被正式列入国家“863计划”。2002年10月，由18人组成的盾构研发项目组正式成立，王杜娟也积极参与到项目工作中。

这也成了改变王杜娟人生轨迹的转折点，这年，她刚24岁。

二、桃李年华初识盾构

王杜娟是出生在八百里秦川的一个乡下女娃，父亲叫王忠田，陕西扶风人，曾在秦岭腹地服役多年。秦岭盛产高山杜鹃，每年 5 月，杜鹃盛放，如烟如霞，似海似潮。喝过墨水、人称秀才的王忠田，爱煞了秦岭杜鹃。退伍成家，他干脆给自己的两个女儿取名雅娟、杜娟。

与杜鹃花一样，王杜娟从小坚韧乐观，倔强好胜，甚至很有几分男孩子的调皮。“你长得不漂亮，性格又硬，我看你以后嫁不出去咋办！”有时母亲这样嘟囔她。确实，王杜娟称不上漂亮，脸部轮廓过于刚毅，缺少一点女子的柔美，一笑起来，眼睛就眯成一条缝。

当然，大多时候，母亲对爱学习、能干活的王杜娟称赞有加。父亲外出打工，母亲操持家务，姐姐体弱，幼弟娇惯。打小，王杜娟就是家里的“壮劳力”，割麦、打捆、垛麦秸、拉架子车……干的都是重体力活。在学校，王杜娟是那种“别人家的孩子”，课文读上两遍就会背，考试成绩总是第一名。有一次考了第三名，她气得哇哇大哭。尽管成绩出色，但因为家境不好，高考报志愿时，王杜娟还是听从了学姐的建议，填报了好就业的石家庄铁道学院。

为了供王杜娟上学，姐姐、弟弟老早就辍学打工了。为交学费，家里还借了不少钱。懂事的王杜娟一入大学，就开始勤工俭学。她和另外两个同学承包起了女生宿舍的卫生打扫，每人两层楼，扫楼道、擦玻璃、冲厕所……4 年时间，1400 多个日夜，同伴换了一拨又一拨，王杜娟却一直坚持到毕业。依靠双手，加上每年的奖学金，王杜娟解决了大学 4 年的生活费。“成绩优秀、有毅力、能吃苦”，她给辅导员留下了深刻印象。不过，此时的王杜娟并没有什么远大志向，只想着赶紧毕业、上班、挣钱、还债，然后相夫、教子，做一个好女人。

到了找工作时，王杜娟傻了，没有单位愿意招收女生。她跟男朋友又不愿意分开。还好，当时急缺人才的中铁隧道集团来了，男女都要。王杜娟和男朋友同时投简历，同时被选中。签约时，本该庆幸的王杜娟提出了一个“过分”要求：“建筑行业流动性强，他可以流动，我不能流动，我要给他做坚强后盾。”招聘负责人一口答应，并把这一承诺写入了协议。到了分配时，王杜娟的男朋友被分配到南京项目上。王杜娟也差点被“流动”出去。她拿着协议，找领导据理力争，最终被分配到了大后方——位于新乡的中铁隧道机械厂，这里也是中铁装备的前身。

一看招来的 5 个大学生中有 3 个女生，单位领导当时就沉下了脸：“这活儿怎么干！”刚到车间，王杜娟跟着一位四川老师傅学习。看到稚气未脱的王杜娟，老师傅半是心疼半是玩笑：“一个女娃儿，咋就干起这个来啰，又脏又累。怕是这个徒弟不好带哟！”工人们哈哈大笑，王杜娟脸热心跳。她咬紧了嘴唇，没有哭出声，可已是满脸泪痕。在老师傅的“关照”下，王杜娟填填表、扫扫地，比上学还轻松些。不过，眼睛里有活儿的王杜娟，看到同事忙不过来，总想上前帮把手。老师傅老远就喊：“女娃子莫逞强，莫搞脏衣服啰。”

“这样下去，一辈子也是个学徒！”王杜娟暗下决心，一定要改变别人对自己的看法。第一个来，最后一个走，修机器、拆零件、搬设备、开桁吊，王杜娟一身油渍、满手黢黑。要不是扎着马尾辫，谁也看不出来她是个女员工。两个月下来，王杜娟的工时全车间第一。“我这个女徒弟了不起，跟别的女娃子不一样，有前途。”老师傅竖起了大拇指。作为技术人员，只会苦干可不行。白天，王杜娟向工人师傅请教，遇到问题亲自动手，现场操作；晚上，她认真查阅资料，搞懂原理，遇到问题就泡图书馆。一年后，王杜娟成为全车间第一个女性项目负责人，也是盾构研发小组中为数不多的女性。

听说公司找了一批年轻人，要造盾构。有人撇了嘴：“你们见过几个盾构，就想自己造？异想天开！”是啊，盾构是集机、电、液、气、传感于一体的大型自动化掘进设备，号称“工程机械之王”，零部件超过 2 万个，仅控制系统就有 2000 多个控制点。当时，王杜娟身边不少同事刚走出校门，还真没怎么见过。即使见过，也只是远远一瞥。盾构的“五脏六腑”长啥样，“大脑神经”怎么运作，还真就说不清。项目启动后，王杜娟和同事们做的第一件事，就是到处看盾构。盾构并不是老老实实躺在车间，等人来参观，而是一旦生产后，就会奔赴深山、地下、海底……

地域偏远，环境艰苦，这还不是王杜娟最大的苦恼。长期以来，或是出于说不清的原因，隧道行业跟煤矿、航运行业一样，将女性的到来视为禁忌。时任中铁装备研究院院长、党委书记的贾连辉与王杜娟共事多年，见多了王杜娟与施工方斗智斗勇、软磨硬泡，“她特别执着，非要进去看，很难拦得住”。通常，王杜娟把头发挽进安全帽，把脸涂脏，冒充男工蒙混进去。有一次，伪装被人识破，王杜娟就指着隧洞外的盾构配件跟项目机电总工说，这件摆放的位置不对，那件可以改造再利用，那两件需要保养维护。聊得投机了，王杜娟真诚地说：“我进洞是为了学习盾构，也是为了造咱们自己的盾构，我们谁都不愿意永远受制于人。关于进洞后的安全责任，我自己承担，如果你们还不放心，我可以先写份保证书。”机电总工被眼前这个真诚的小姑娘说服了，不仅放行，还脱下自己的防护鞋让给她穿。还有一次，项目经理明确表态，就是不让女同志进隧道。王杜娟费尽唇舌也无用，最后使出了“杀手锏”：“如果今天我不进去，你就耽误了盾构国产化发展。”项目经理笑了：“这么大帽子扣下来，我可承受不了，你去吧。”隧洞里地面不平整，有时会铺设钢格板，王杜娟小跑跟着同事一路前行，一不小心跌倒后再迅速爬起来的身影，至今还在许多同事脑海中浮现。

盾构看了一大圈。王杜娟和同事们形成了“引进设备—联合制造—消化吸收—自主开发”的攻关思路。

三、执着拼搏铸就重器

最开始，王杜娟他们只能从外国盾构的配套产品开始做。2004 年 8 月，三伏天，辽宁大伙房 TBM 的组装调试工地上，焊花四溅、机器轰鸣。王杜娟头戴安全帽、扎着马尾辫，不时蹲下来对照图纸查看机器的部件结构，然后认真在图纸上做标记。瘦弱的身影在几乎都是男性的人群中显得特别抢眼。王杜娟是这个项目国内制造部分的结构设计负责人，仅需要消化转换的技术图纸就有 3500 多张。第一次跟盾构直接打交道，王杜娟非常重视。她带领技术人员，放弃所有节假日休息，白天消化图纸技术，晚上翻译资料信息。经过 3 个月的连续奋战，终于完成图纸的消化转换，保证了项目的如期完工。

2005 年年初，王杜娟又接了一项任务，负责引大济湟双护盾 TBM 的组装工作。此时，她刚刚怀孕。“不准干重活、不准加班、不准熬夜”，家人给她规定了 3 条禁令。然而，王杜娟一条也没有遵守好。在车间，她经常爬到 6 米高的台阶上检查设备；清标时，她和同事一起对各家盾构的资料进行分析研究，比较参数、核实数据、查阅资料，常常奋战到凌晨。项目组在公司完成所有的技术工作后，需要在青海的项目上进行现场组装设备。当时已怀孕 8 个月的王杜娟提出，要跟队去青海。当她收拾好行囊准备出发时，公司领导拦住她并批评道：“那里是高原地区，正常人都会有高原反应，你一个临产孕妇，不要命了！”就这样，王杜娟被硬生生地从车上拽了下来，到现在，她还觉得是个遗憾呢。

并非王杜娟不知风险，只是第一次负责整台 TBM 组装调试，她觉得跟自己的孩子一样，实在割舍不下，真想寸步不离。2005 年 12 月，王杜娟的孩子平安降生。一个月后，引大济湟双护盾 TBM 顺利组装完工。双喜临门！王杜娟兴奋地跟丈夫说，感觉自己生了“双胞胎”。

不过，王杜娟显然对事业上孕育的“孩子”更加偏心些。这不，刚坐完月子，她的心思就又飞到了单位。此时，中铁隧道正准备研发自己的第一台盾构。“这一刻，我期待了好几年，怎么能错过呢？”王杜娟心急如焚，又怕领导忘掉自己，就在项目组安插了一个“情报员”，好及时掌握设计评审会的情况。刚开始，王杜娟背着家人，隔三岔五地往单位跑。孩子两个月的时候，她干脆提前结束产假，正式投身到项目中。毫无疑问，王杜娟是在“自讨苦吃”。时任中铁隧道局主管设备副局长的李建斌跟研发团队说：“集团公司投了 4000 万，这钱要打了水漂，谁也负不起责任。”

一没技术，二没指导，每一个关键点都是一根硬骨头，啃一口就硌牙。王杜娟和同事们都变成了阿 Q，学会了用精神胜利法安慰自己。经过两年的不懈努力，2008 年 4 月，王杜娟和同事们成功研制出我国第一台拥有自主知识产权的复合土压平衡盾构，样机随后被应用到天津地铁项目。业主起初以为是进口盾构，便将其用在施工难度最大的标段——地表以上是渤海大楼、张学良故居、瓷房子等组成的历史文化街区。王杜娟和同事们每天在工地上守着，心里万分紧张，可又不敢告诉业主实情。

“以我现在对盾构的了解，我可能很难下决心将一台样机用于这样的工况。但当时没有别的选择，国产盾构终究要接受市场的检验。”与工地上其他几台外国盾构相比，国产盾构的表现最为突出，不但掘进速度快，还把地表沉降控制到了 3 毫米以内，业主对此赞不绝口。

首战告捷之后，这台功勋盾构被正式命名为“中铁一号”。自此，“洋盾构”一统天下的格局终于被打破。国产盾构开始从外国品牌手中一点点地夺取市场。作为“中铁一号”的主要设计者，王杜娟获得了河南省科技进步一等奖、中国铁路工程总公司科学技术特等奖。

不过，在她看来，最可贵的是“中铁一号”让她建立了强大的自信。“不论遇到何种情况，做最好的自己，才能不为暂时的迷茫所困惑，不被眼前的困难所吓倒。”“中铁一号”也进一步坚定了中国中铁发展国产盾构的信心。2009 年 12 月，中铁隧道装备制造公司成立，那一年，厂区里贴满了“装备中铁、装备中国、装备世界”的标语。有人说，这是痴人说梦。王杜娟却说，方向对了，不怕路远。

四、披荆斩棘乘胜追击

盾构是侨居英国的法国工程师布鲁诺尔，受到一种外号叫“凿船贝”的软体动物启发而发明的。1818 年，布鲁诺尔获得了盾构专利权。漫长的发展过程中，盾构繁衍成了庞大的家族。

不同型号的盾构，最大的区别在于刀具。对此，李建斌形象地说：“不能用切肉的刀去劈柴，相反，也不能用劈柴的刀去切肉，地层结构不一样，就要用不一样的刀具。”中国幅员辽阔，地形地质复杂，需要多种型号的盾构。因此，“中铁一号”成功后，王杜娟和同事们立即投入一代代新型号盾构的研制中。

2010 年，中铁装备鏖战市场的第一年。为顺利拿下重庆轨道交通建设盾构采购项目，王杜娟团队根据重庆地质情况，提出了“硬岩盾构”的全新设计理念。

“硬岩盾构”性能介于复合盾构和硬岩掘进机之间，既能满足施工工期要求，又有着生产周期短、造价低的优势（造价仅相当于 TBM 的 1/3）。理念独特、性能卓越、造价低廉，当然赢得业主青睐。中铁装备一举中标了 9 台硬岩盾构。此前，中铁装备只有十几台盾构设计制造的经验，一次完成 9 台复杂的硬岩盾构，而且时间很紧，压力可想而知。更糟糕的是，公司的一位业务骨干被高薪挖走了。“有信心保证每一步设计的科学严谨性，有决心打赢这场攻坚战！”危急时刻，王杜娟与她的团队挺身而出。

由于历史原因，前面十几台盾构设计都是从部件图到总装图。但在总装过程中，经常会发生大的干扰而返工。王杜娟提出，设计应该从总装图到部件再到零件。“所有人都说设备太大，零件太多，不可能做到。可是数量这么多、工期这么紧，一旦返工，就可能是 9 台一起返啊！我觉得再难也要试一试！”面对大家的质疑，王杜娟向公司领导立下了“军令状”。

地质勘察、参数计算、方案修改、设联评审……王杜娟带领着 30 多人的团队奋战 49 天，做出了中铁装备第一份总体设计图。

其间，为保证设计质量，王杜娟跑遍了重庆的每一个地铁建设工地，往返于新乡、重庆，行程达15000多千米。

每一次进入隧道，她都会认真与盾构司机、维保工、操作工交谈，倾听一线工人在设备使用过程中的心得和建议，并一一详细记录下来，再在后期的设计中优化改进。

盛夏的重庆气温高达40多度。为践行即时响应、快速服务的服务理念，设备总装期间，王杜娟带领部件设计师轮流常驻重庆，与工人一起组装设备。有一天，大家所住的小镇停电了。为了洗澡，男技术员结伴出去游泳，临走时所有人把饮用水集中到了王杜娟的房间。“我洗了10天以来的第一次澡，那种幸福感到现在还能体会到！”

项目部驻地距盾构组装厂房有2千米，员工们每天要顶着烈日往返于驻地与厂房之间，从天亮一直干到天黑。由于驻地员工们居住条件有限，吃饭也经常是简单的快餐。刀盘制作小组为了尽快将科研成果转化为生产力，实行每班12小时工作制。从突击组装到整机调试，从烦琐细微的工作准备到复杂艰巨的技术攻关，围绕硬岩盾构的研发制造，中铁装备人宛如置身于两军冲锋之沙场，锐意前行，慷慨高歌。“当时我们个个都像打了鸡血。”说起当时的“疯癫”状态，王杜娟很是感慨。

凭着不怕艰难、甘于奉献的拼搏精神，2010年8月份，第一台硬岩盾构样机“中铁17号”诞生了。

大功率、高转速的TBM设计思路，驱动功率达1200千瓦，个性化的渣土改良系统，有效的喷水降温系统……一个个的优化设计赢得了验收组的赞同。

“量身定做，非常实用！”验收顺利通过。9月份，生产步伐再次加快，一个月就生产出3台。12月1日，最后一台盾构下线，这也标志着重庆所需的9台硬岩盾构全部交付甲方使用，较传统方法节省了好几个月时间。

在此期间，以“重庆轨道交通6号线”为项目依托的河南省“十一五”重大科技专项“硬岩盾构成套装备关键技术研究及应用”项目也通过立项评审，并于2012年10月份通过评审验收。当专家组在验收评语中写上“整机技术填补了国内空白”这句话时，在场的所有人员都将目光投向了王杜娟。王杜娟笑了，笑得是那么开心，犹如杜鹃初绽、大地春回。不过，来不及尽情享受这一快乐的时光，她就又奔赴到了离重庆不远的成都。

说到成都，也许会让人想到几年前那首唱遍大街小巷的流行歌曲《成都》。“在那座阴雨的小城里，我从未忘记你，成都带不走的只有你，和我在成都的街头走一走，直到所有的灯都熄灭了也不停留……”歌词引起了成都人的共鸣，也勾起了大家对成都的回忆与憧憬，一些生活中的稀疏小事都变成故事，不经意间击中聆听者的心房，这其中也包括王杜娟。

成都是冲积平原，沃土之下，砾石遍布，是地下隧道施工中难度最大的地区之一，堪称“中国地质博物馆”。2012年1月，成都地铁2号线、4号线获批开建，四家施工单位除既有盾构设备外，需要新购几台盾构。在以往的地铁施工中，所有盾构都是进口品牌，其中大多是德国海瑞克设备。尽管进口盾构在施工中发生不能顺利掘进而折载退场的情况，成都业主和施工单位也依然坚持不用国产盾构。因为与进口盾构相比，当时我国自主研发的盾构尚不完全成熟，在许多方面都存在较大差距。他们说，不是不想用国货，实在是担心国产盾构难以保证工程进度。这种情况下，中铁装备想参与成都地铁建设，谈何容易！王杜娟不服气，她认为国产盾构一样可以。为此，她带着团队对成都地铁施工条件进行了深入的专业分析和数据调研。之后，她拿着方案一次次奔赴成都，找业主争取机会，一次不行两次，两次不行四次。方案不断修改、完善。当王杜娟拿着不知第几次修改后的方案到成都时，终于争取到了 4 台盾构的入场资格。

当盾构在成都开始施工后，正在外地开会的王杜娟忽然接到了电话，成都施工工地盾构一始发就出现了堵仓现象！“天要塌了！”王杜娟眼前一黑，差点昏倒。“别担心，就是天真的塌了，也先砸我。”时任中铁装备董事长李建斌安慰她说。

为避免类似问题再次发生，王杜娟跟着老专家——时任中铁装备总工程师张宁川根据成都无水砂卵石的地质条件，在刀盘中心加装了高压喷水枪，彻底解决了堵仓的问题。“现在国内外的盾构，只要在成都施工，都会加装喷水枪。”王杜娟一脸自豪。

而就在这时，用于成都地铁 4 号线建设的国外知名品牌盾构 S394 出现了“水土不服”现象，由于渣土改良系统设计与工程地质不适应，设备在富水砂卵石地层出现掘进速度骤降、在无水砂卵石地层出现地面沉降的情况，生产厂商也找不到任何解决办法，施工一度陷入僵局。

情急之下，施工方找到中铁装备请求援助。在组织技术专家进行现场调研的基础上，王杜娟和施工单位多次召开研讨会，研究确定刀盘适应性改造方案。最终通过更换取消部分刀具、增设冲刷系统等措施，有效解决了刀盘切削率低、进出渣不顺畅等问题，迅速扭转了施工被动局面，掘进速度由之前的日均 8～9 米，变为日均 23 米，最高日掘进 25 米，日平均掘进速度几近改造前速度的 3 倍。成都方和施工方对改造效果非常满意，对中铁装备的技术能力大为赞赏。

成功改造“洋盾构”，大大提振了中铁装备人的信心！他们暗下决心，在致力盾构研发制造的同时，要更加注重技术服务和再制造业务的拓展，大幅提升应对国内各类复杂地质的技术水平。与此同时，“中铁号”与“洋盾构”的较量也开始了。经过成都地铁2号线、4号线前后10个月的同场比拼，4台“中铁号”盾构的各项性能指标均优于“洋盾构”，而且，晚一个月开工却提前一个月出洞，彻底征服了几家施工单位。随后，成都地铁3号线、7号线施工中所需的29台盾构，清一色选择了“中铁号”。中铁装备取得了“天王山”从遭遇战、破袭战、阵地战到决战的完美胜利！

五、扬帆海外逐浪前行

早在2013年，中铁装备即将目光投向了海外市场。中国中铁承建了马来西亚MRT项目，这是中国中铁第一次承建海外的工程设计、采购和工程建造总承包的综合性地铁工程。当时，马来西亚政府计划向欧洲公司采购10台盾构，用于项目施工。时任中铁国际集团马来西亚公司董事长蔡泽民向客户极力推荐中铁装备的盾构产品，希望通过项目开发带动设备出口。开始，马来西亚的业主单位并不信任中国盾构。他们甚至直言不讳道：“你们在中国做得好，但在海外市场没有经验，我对你们非常担心。”

“中国的地质情况非常复杂，所以我们更清楚，哪种盾构能胜任怎样的地质条件，也知道外国盾构的问题和缺陷。”王杜娟自信地说。

2013年6月12日，由中铁装备制造、中铁港航局施工的中国中铁50号在吉隆坡地铁项目始发。这是中铁装备整机出口海外的首台盾构。施工过程中，该设备以最高日掘进21米、提前计划工期43天贯通的优异成绩，创造了马来西亚盾构施工新纪录，将同场竞技的外国设备远远甩在身后。其中，为该项目量身定制的第二台盾构“中铁51号”在马来西亚创出最高月推进347.2米的施工纪录后，成功“转战”印度新德里地铁项目。

啼声初试，一鸣惊人。中铁装备一下子在海外市场闯出了名堂。2013年11月26日，中铁装备成功收购世界知名TBM制造商德国维尔特公司的硬岩掘进机和竖井钻机知识产权，成为世界上能独立生产硬岩掘进机、竖井钻机、扩孔机，并具有自主知识产权的三大企业之一，实现了后来居上的逆袭，进一步增强了公司征战海外市场的信心。

2014 年，新加坡地铁汤申线动工之初，为降低对市民生活的干扰，原计划采用人工挖掘。但是，当新加坡业主看到中铁装备自主研发的世界第一台超大断面矩形盾构在郑州市中州大道下穿工程的良好表现后，就临时改变了方案，采购了中铁装备自主研制的泥水平衡盾构。

2015 年，黎巴嫩政府宣布了一项浩大的隧道工程——大贝鲁特供水项目，项目总预算 3.7 亿美元，工期数年。全世界的 TBM 供应商闻风而动。但是，负责施工的意大利 CMC 公司明确提出，为了保证隧道施工人员的安全，只有拥有刀具背装技术的 TBM 供应商才能投标。又是一项全新挑战，王杜娟和同事们再次迎难而上，成功研发生产了两台直径为 3.53 米的 TBM。这两台当时世界上直径最小的 TBM 分别于 2016 年 8 月、9 月始发。黎巴嫩政府和项目业主为两台 TBM 起名为 Léa（丽雅）和 Yasmina（雅斯米纳），分别代表慷慨、正直、开放和勇敢、果断、活力。使用过程中，“丽雅号”TBM 最高日进尺达到了 48 米，远高于行业内同类设备的掘进速度。“小块头”迸发大能量，“跑”出了中国速度，得到了施工方和业主的高度肯定。对此，意大利 CMC 公司亚太区总经理 Polo Maur 说：“我认为中铁装备的硬岩掘进机技术已经达到了国际水准，这也为我们今后展开合作增强了信心。”黎巴嫩大贝鲁特供水项目经理贾科莫也评价道：“中国的硬岩掘进机简直完美，面对复杂的情况也可以应对自如，同时机械故障的概率很低，这就是中国的硬岩掘进机。”

2019 年 2 月 23 日，“中铁 647 号”“中铁 648 号”两台土压平衡盾构成功通过现场验收，正式交付日本西松建设公司，用于新加坡地铁 6 号环线 C882 项目建设。被折服的不只是新加坡的业主，还包括广大网友。一段关于中国“大国重器”的视频在 YouTube 上热播，视频记录了中铁装备出口新加坡的盾构从零件到组装完成的场景。有新加坡网友发出这样的惊呼：“难道我们不是发达国家吗？为什么造不出这样的机器？”

到了2019年年底，中铁装备的海外业务再获突破：两台为法国生产的大直径土压平衡盾构在郑州下线。这是中国盾构第一次反向出口到世界盾构的发源地，意味着中国盾构顺利进入全球顶级高端市场，进一步彰显了中铁装备在国内外TBM市场产品研发与集成应用的综合技术实力。

“在巴黎，10年内完成200千米的隧道工程建设，堪称奇迹。但是我看到，在中国这种浩大的工程随处可见，希望能借鉴你们的经验。”法国大巴黎地铁（SGP）董事、副总裁Bernard Cathelain（伯纳德·卡泰拉）表示。

如今，说起这些，王杜娟又笑了起来，笑得是那样自豪，如同杜鹃盛放。目前，中铁装备已累计出厂盾构近1200台，产品遍布国内各省区，先后出口新加坡、意大利、法国、澳大利亚等30多个国家和地区，产品市场占有率连续10年位居亚洲第一，产销量连续5年位居世界第一，成为出口海外盾构设备数量最多、种类最齐全、覆盖国家和地区最广泛的国内盾构企业。

六、创新打造行业领先

中铁装备生产的超大直径泥水平衡盾构“春风号”直径为15.8米，相当于5层楼高，长度为135米，重达4800吨，是我国具有自主知识产权的超大直径泥水平衡盾构。其应用的深圳市春风隧道有11条破碎带、3.6 千米岩层，以及巨大的水压。

大块头还有大智慧。为了应对复杂地况，“春风号”采用了常压换刀技术，降低高压力环境下的作业风险；采取伸缩摆动式主驱动设计，简化换刀操作流程，提高换刀效率；采用双破碎机分级处理渣土技术，提高渣土排放及设备掘进效率。

方便了施工方，王杜娟和同事们却给自己找了不少麻烦。“春风号”是分成 10 块组装的，结合面偏 0.01 度，外缘就会出现近 10 毫米的缝隙。为了保证产品精密度，只能选择先加工后焊接工艺，这对工人的技艺要求极高。刀头实时伸缩，需要安装滑轨。滑轨缝隙大了，不好密封，缝隙小了，容易卡死。

为了稳妥起见，王杜娟组织召开无数次专家会，还邀请了汽轮机厂的专家来指导。但实际上，高速轻载的汽轮机跟低速重载的盾构在实操上差异很大，汽轮机的办法并不适用。最终，王杜娟综合团队讨论成果，根据经验，拍板确定了滑轨的尺寸。“做两件！”王杜娟再次拍板。“这样行不行，我担忧了好久。”实践证明，她的决定是正确的。对此，王杜娟总结说：“有时候，直觉就是经验积累的结果。”中国工程院院士陈湘生点评说：“‘春风号’的成功下线，一举打破了国外品牌多年来一统全球超大直径盾构的局面，标志着我国民族盾构产业跻身世界先进乃至领先水平。”

这样的开创之举还有很多。

——比如，开挖直径为 9.03 米的“彩云号”，填补了国内 9 米以上大直径硬岩掘进机的空白，被评为“央企十大国之重器”，目前正在高黎贡山隧道，挑战具有“三高四活跃”特征的世界地质难题，引起全球关注。

——比如，世界最大直径（11 米）的矩形盾构被誉为“治堵利器”，开创了过街隧道施工不再“开膛破肚”的新模式。“这种产品，我们想到过，但是我们没有付诸实践，你们敢于创新并做到了，你们是好样的！”国际同行对此交口称赞。矩形盾构工法与装备还被引入新加坡，并带动了土建项目中标。

——比如，全球首台马蹄形盾构“蒙华号”，开创了黄土隧道机械化施工的新模式，成为工程装备领域“创造需求、引领市场”的成功案例。用“蒙华号”盾构掘进的 3345 米的白城隧道，从始发到贯通仅用了 1 年 2 个月，是传统隧道施工效率的 3 倍。该项目获得了国际隧道界最高奖——“国际隧道协会 2018 年度技术创新项目奖”。

——比如，国产首台高原高寒大直径硬岩掘进机“雪域先锋号”，开创性设计为双结构 TBM，可有效应对高地应力岩爆、软岩大变形、高地温、高烈度地震及活动断裂的影响，并且在传统敞开式 TBM 设计理念的基础上，增加管片安装、辅助推进、智能辅助驾驶等功能。2021 年 7 月，习近平总书记在西藏考察调研时，现场观看了“雪域先锋号”岩石掘进机模型。

在王杜娟和她团队的努力下，如今，从零起步的中铁装备横向已形成“大”“小”“异型”不同断面以及土压、泥水、硬岩不同应用领域的全系列盾构产品，产品直径可覆盖 0.3 ～ 18 米；纵向拓展了集设计研发、设备制造、再制造、技术服务于一体的产业链条。

最让王杜娟开心的是，她已经主编参编各类标准 15 项，其中主编盾构国家标准 5 项、行业标准 2 项。标准是制高点、是话语权，更是核心竞争力。手握行业标准，起步晚、起点低的中铁装备，正在被国际同行和全球市场逐步认可。

在科技创新方面，中铁装备一直走在行业前列，“十三五”期间累计开展各级科研项目236项，承担国家“863”计划5项、“973”计划2项、国家重点研发计划课题21项、省部级科研项目8项、铁总科研项目5项，累计研发投入15.6亿元，其中政府专项经费2.96亿，年均研发占比7.73%。作为中铁装备科技创新的主要参与者，截至目前，王杜娟共计拥有专利94个，其主持参与的科研项目“异形全断面隧道掘进机关键技术研究及应用”荣获“国家科学技术进步二等奖”，“复合盾构机的研制”荣获“河南省科学技术进步一等奖”。

“不敢算研发投入，心疼。”让王杜娟气愤的是，这边花了大价钱做的创新，刚一投入应用，就被竞争对手抄走了。有人劝王杜娟别太较真，“反正都是国内企业，这样有利于行业发展”。

王杜娟可不这样想。“要是20年前这样做也倒罢了。现在还这样做，谁还会花钱搞自主创新？长久来说，会对行业发展产生致命的影响。”因此，一有机会，王杜娟就积极倡导，要注重知识产权的保护。现在说起这些，王杜娟心态平和了很多。她说：“市场只相信实力，我们还有很长的路要走。我们要继续做强、做大，做到全世界去！”

七、聚焦管理淬炼提升

王杜娟和她的团队铸就了一台台国之重器，一个个成功运用的项目也印证着、肯定着她的卓越能力。

2010年2月，王杜娟被任命为设计研究院副院长，除了分管总体设计等技术工作外，还要负责人事、行政等管理事务。当时的王杜娟满脑子都是公式、结构、原理，对管理工作一窍不通。她甚至认为，只要把技术做精做透，管理工作就会水到渠成。然而，3 个月后，一名入职近 3 年的员工向王杜娟提请辞职。

这名员工不论是工作态度还是业绩都非常优秀，是大家公认的好苗子。他的辞职在全院引起了不小的震动。当王杜娟找到这位员工了解原因时，他只说了一句话：“我在我们这个团队里感受到的只有和谐，缺少竞争。”这句话，让王杜娟苦恼了一个星期：“和谐的氛围能否支撑起一个向上的团队？如何才能建立一套良性的竞争机制，避免优秀人才的流失？怎样才能给年轻员工一个更大的发挥平台和发展空间？”

王杜娟认真研究后发现，当时员工的岗位晋升仍以工作资历为第一要素，薪酬调整仍以年限为主要依据。团队中每个成员任务完成得多少、好坏缺乏评判机制，即使有评判也无奖惩……

这些管理上的缺陷，招招致命。“研究院要保持活力发展，必须改革现有大锅饭式的管理制度，推行绩效考核，实现能者上、庸者下。”经过近两个月的调研后，王杜娟在她编写的《设计研究院绩效考核改革实施方案》中写下了这句话，而这份报告也是她人生中第一份关于管理工作的方案报告。

报告很快得到公司批复，同意以设计研究院为试点开展绩效考核，同时，任命王杜娟为院绩效考核改革小组组长，负责考核方案的制订、推广及落实。

研究院的主要工作是盾构研发设计，而盾构属于重大非标设备，这决定了绩效考核无法量化。为寻求最科学的考核办法，王杜娟带领考核小组成员先后到三一、徐工、中信重工调研学习，形成了 2 万余字的调研报告，在此基础上结合自身实际，重新修订了研究院的绩效考核、岗位晋升、薪酬管理等制度，再经过反复的试行、修订、再试行、再修订，六易其稿，最终完善了各项制度。

“管理工作很难，但管理好了所带来的效益绝不逊于技术。”随着认识的不断提高，王杜娟在管理方面的特长也逐渐展现了出来。“她是一个很有智慧的人，她把技术工作中的创新思维移植到管理工作中，提出了很多有趣的管理理念和方式，让我们一直能感受到工作中的快乐和激情。”这是2012年党员民主评议活动时，一名党员对她的评议，也是大家对王杜娟的一致印象。

担任副院长的3年时间里，王杜娟先后推出的旨在缓解员工工作压力的情感沙龙、旨在拓展员工创新空间的创新设计大赛等活动，都沿续至今，并得到员工的普遍欢迎。

王杜娟创造性地提出研究院“两条腿走路”的发展规划，即在盾构研发上坚持“横向到边，纵向到底”的路线，一方面扩大盾构产品族系，实现土压平衡盾构、泥水盾构、大小直径盾构、矩形盾构等多类型多品种均衡发展；另一方面提升盾构产品品质，加快对电气、液压、流体系统、结构总体以及刀盘的优化设计和标准化工作，不断提高盾构产品科技含金量，以品质赢市场。在非盾构产品研发上，以煤矿掘进设备、隧道施工设备为主要对象，开展安全、环保、节能、高效的煤矿巷道快速掘锚一体机、凿岩台车、湿喷机等产品的开发。

为适应此发展规划，2011年，在时任中铁装备董事长李建斌的支持下，王杜娟在全院开展组织机构改革：研究院更名为设计研究总院，在原有盾构5个专业所的基础上，进行人员分流，新成立煤机、TBM、隧道专用设备等设计研究所，并成立桩机分院。实践证明，这条路走对了。这几年，不仅盾构产品品质不断提升，市场占有率节节攀高，其他研发设备也逐步完成设计制造，陆续推入市场。

2013年，王杜娟遇到了人生又一次重大转折点。中铁装备时任总工程师张宁川即将退休，公司党委提名王杜娟作为接任者。“领导找我谈话时，我一点儿心理准备都没有，觉得自己干不了这个工作。”此前，王杜娟以为，自己会按部就班地接任研究院院长，从没想过，会这么快跻身公司领导班子行列。

李建斌跟王杜娟聊了一个小时，王杜娟始终犹豫不决。“那你自己选，你要说不干，就还留在研究院！”看到领导急了，王杜娟吞吞吐吐地说：“那我服从组织安排。”

实际上，王杜娟并没有从内心接受。一方面，身为女性，她的权力欲望一直很淡；另一方面，她始终觉得，担子太重了，怕担不起。由于心理压力大，王杜娟前前后后哭过5次，“最丢脸的，是在宣布完调令，表态发言时，我哽咽着，几乎没有完成整个发言”。事后，王杜娟暗下决心，在日后的工作中，一定要克服这一点。

2014年年初，刚过36岁生日的王杜娟，成为中铁装备总工程师。在此之前，由于历史原因，技术是由两位副总经理分管的。从王杜娟接任总工程师起，全集团的技术工作由她全权负责。

面对前所未有的工作压力，此前在长期的技术工作中积累起来的自信，几乎丧失殆尽。失常的表现，引起了同事们的关注。一次民主生活会上，有领导提醒说：“杜娟，你得加强自信哪！”回家后，王杜娟把自己关在房间冥思苦想：“我到底怎么了？我真的是技术不行吗？总工真的需要什么都懂吗？”

实际上，王杜娟很清楚，中国中铁各大工程局的总工，首先是个管理岗，其次才是技术岗，不需要也不可能清楚公司所有的技术细节。“如果我的技术没有问题，那么我到底是怎么了？我自己都不相信自己能干好，别人如何信任我？”王杜娟决定，重塑信心，直面挑战。

效果很快就显现出来了。一次专家论证会上，面对中国铁建总部领导，十二局、十七局、十八局三个局的设备部部长及施工专家等20余人的提问时，王杜娟不慌不忙，侃侃而谈，用专业折服了每一位挑剔的客户，一次拿下8台盾构订单！“这就是自信的力量，原来我根本没有自己想象得那么差！”王杜娟开始喜欢上了这个总工的角色。

八、锻造队伍桃李花开

恢复自信的王杜娟，开始把更多精力投入人才培养工作中。“一个王杜娟再能干，能力也有限，我们要培养出更多的、更年轻的王杜娟！”时任中铁装备董事长谭顺辉表示。

在王杜娟看来，人才培养的关键，首先是要放手。她总是跟同事说：“只要你觉得有把握的事，就要大胆拍板，出了事我担着。你要拿不准，咱们再商量。”当然，授权不是放任自流。有的时候，王杜娟还是挺凶的：“我对身边人的要求特别高，总是看他们的缺点，所以我知道，他们特别怕我。”

宁向可，出生于1985年，两只眼睛大大的，一说话眼睛就忽闪忽闪的，现在已经是设研总院TBM分院的院长。2010年加入中铁装备之后，宁向可就开始跟着王杜娟。刚开始，王杜娟嫌他反应迟钝，总是批评他。“因为王总对技术要求严格，不能容忍错误。刚开始我错误多，老挨怼。加上我是个慢性子，又比较内向，所以看见王总就不敢打招呼。”宁向可说。

见到同事这样，王杜娟也开始反思，自己是不是太凶了？回想起小时候母亲的一次次表扬鼓励给她带来的影响，王杜娟开始有意识地更多肯定大家的进步。

有一次，宁向可替王杜娟参加一个规格很高的学术会议。前一天晚上，王杜娟一遍遍打电话，追问宁向可准备的演讲内容。两个人在电话里反复讨论到半夜，终于敲定了演讲的框架。“你不行就练习 10 遍，别怕！”听了王杜娟的嘱托，宁向可一夜没合眼，一直练习到天亮。第二天，宁向可演讲完，去机场的路上，接到了王杜娟的电话：“小伙子，表现不错！刚才主办方给我打电话，说你非常棒！”自此以后，宁向可的信心一步步强大起来，王杜娟也就很少再批评他了。

所谓行万里路，不如名师指路。在王杜娟的带领下，一支平均年龄不到 30 岁的技术人才梯队逐步成长起来。“现在我们设计院的任何一位主设计师，都能独当一面。”她非常自豪地说。而王杜娟的快速成长，也得益于她人生路上的两位领路人。现任中国中铁专家的李建斌，是她在技术上的导师；她人生路上的领路人，则是已经退休的中铁装备总经理韩亚丽。

当初王杜娟要被提拔为公司副总工程师，韩亚丽提出了不同意见：“太年轻了，再锻炼锻炼吧。”事后，韩亚丽专门找到王杜娟开导，生怕王杜娟误会。“其实我到现在都特别感激她，因为当时我确实太年轻了，根本就没有作好当领导的准备。”

还有一次，因为设计理念上的分歧，王杜娟跟一位领导争执了起来。两人都是倔脾气，互不妥协，结果，这位领导没有控制好情绪，说了粗话。因为类似的事情出现了多次，两个人的设计理念分歧太大，无法兼容。

王杜娟当时就崩溃了，觉得干不下去了。当时，正值竞争对手来挖王杜娟，虽然开出的条件一般，但王杜娟几乎就要决定离职了。

同样身为女性的韩亚丽，敏感地发现了王杜娟非常失落，就找到她了解原因，并很好地排解了王杜娟的负面情绪。从此，王杜娟就意识到，培养人才不仅要关注技术进步，还要关注心灵健康。她批评人，总是针对技术问题，对事不对人。

相应地，别人如果能在技术上说服她，她也欣然接受。一次，广东的一个客户提出，想把预定设备的豆粒石砂浆系统靠前布置。技术员宁向可等人研究了一下，发现从理论上来说可行，就上报给了王杜娟。王杜娟也签字同意了。但做起来才发现，如果出现这一改动，另外一套系统就要靠边，传送导线就会出现水平曲线，影响系统的稳定性。宁向可赶紧给王杜娟汇报相关情况。

王杜娟二话不说，就亲自向客户单位发函说明了情况。最终，客户尊重了技术人员的意见，没有作出前述改动。“我虽然怕领导，但只要是技术方面的问题，可以随便提、随时提，不用担心伤到领导面子。”小伙儿宁向可忽闪着大眼睛说。

九、三次汇报振奋人心

2014 年 5 月 10 日，王杜娟迎来了一个永生难忘的日子。这一天，在郑州考察的习近平总书记走进了中铁装备盾构总装车间。领导安排王杜娟用一分钟的时间向习近平总书记汇报盾构的相关情况。看着总书记亲切的面容越来越近，王杜娟的心怦怦地跳。她尽量稳住心神，用略显颤抖的声音介绍说：

“它（盾构）把衬砌、开挖等形成了一个工厂化作业。首先，通过刀盘的旋转把渣土切削下来……就可以铺轨架线，可以跑车了。由于这个白色的盾壳的保护和这个管片的保护，人员在里面是很安全的，是一个安全的设备。”

习近平总书记表示，他在上海进过隧道，知道盾构施工非常安全，接着，又向王杜娟了解了盾构的刀具是否国产，材质是什么。王杜娟一一作答。随即，习近平总书记发表了即兴讲话。他指出，装备制造业是一个国家制造业的脊梁，我们国家在这方面还有短板，一定要推动中国制造向中国创造转变、中国速度向中国质量转变、中国产品向中国品牌转变。

为了纪念“三个转变”重要指示的提出，2017 年国务院将每年的 5 月 10 日确定为“中国品牌日”。2018 年起，每年都会在这一车间举办相关的品牌论坛。

王杜娟说：“这是对装备制造业极大的鼓舞，更是对我个人极大的触动。在后来的人生路上，每当我想放弃时，我就想到了总书记的嘱托和希望，就会再一次充满激情、充满干劲！”

2019 年两会时，习近平总书记参加了河南代表团的审议。王杜娟作为汇报人之一，向总书记汇报了以中国中铁装备为代表的隧道掘进机科技创新成果和产业发展情况。总书记认真听取了汇报，并询问了三个问题：世界第一品牌是什么，我们还有哪些差距？目前关键部件有没有“卡脖子”？中铁装备有没有与科研院校合作？交流之间，总书记说：“我记得你，你就是那个年轻的女技术干部。”心情无比激动的她自信地说：“我们从中国产品走向了中国品牌，中铁装备的品牌在全世界已经响当当了。”

同年 10 月 1 日，新中国迎来了她的 70 岁盛世华诞。北京天安门广场一场盛大的阅兵震撼上演，王杜娟作为央企代表受邀乘坐“春潮滚滚”彩车参加群众游行，亲眼看见、亲身感受到了祖国的日益强大和繁荣昌盛，她内心升腾起圆梦大国重器的满满自豪。回忆时，王杜娟说到，通过参加国庆游行，她的内心特别有感触，10 余年来，中铁装备从一个百十人的小机修厂发展至 3000 人的企业集团，从进口国外盾构到自己研发制造盾构，再到把盾构出口至法国巴黎欧洲核心区，被世界知名建筑集团采购，非常荣幸中铁装备研发制造的盾构机能够为国家发展贡献一份力量！正如时代楷模黄大年所说：“个人的力量只有和国家民族融合在一起，才能焕发出惊人的力量！”“我为祖国发展壮大而骄傲，我为能有机会亲历国庆活动而自豪！在这些榜样和

豪情的激励下，我们一定更加努力，一步一个脚印，为中国制造、为民族工业的明天、为中华民族伟大复兴的中国梦，不懈奋斗！”面对记者的采访镜头，王杜娟内心的激动洋溢在脸上、流露在话中。

十、同心呵护大家小家

工作中的问题对于王杜娟来说，只要咬紧牙关、直面问题，所有事情都可以最终解决。但是与所有的成功者一样，在生活中王杜娟也面临着事业、家庭关系失衡的挑战。

上班之初，王杜娟逢假必休，认真地做家庭后盾。开始研发盾构时，王杜娟的天平就开始向事业倾斜。特别是 2014 年，习近平总书记视察中铁装备，肯定了他们的事业很有意义，并提出了引领中国装备制造业发展方向的“三个转变”重要论述。作为现场的聆听者，王杜娟的内心再一次坚定了做好盾构产业发展工作的决心。躬耕盾构的一腔热血让工作占据了她的大量时间。公司看到这一情况，一方面积极与她本人沟通，另一方面住在她家楼上楼下的公司同事也积极行动起来，爽快地答应了她请求帮忙看孩子的需求。每天晚上七八点钟，一个背着书包、抱着书本、噘着嘴巴的小女孩就会出现在楼上或楼下的叔叔阿姨家门前。

现在，王杜娟从技术工作转向市场经营，更是忙个不停。在完成本职工作之外，她还要参加很多社会活动，去当评委、作报告。一到周六日，她的日程比工作日还满。几乎没有时间陪伴家人、照顾孩子。孩子到了小升初的关键时期，由于常年缺乏父母陪伴，压力非常大，甚至出现了厌学情绪。

当时正值“春风号”“彩云号”等几台超高难度的设备研发，王杜娟工作压力巨大。从小就精力旺盛的她，身体已经发出警报，她满头满脸都是皮炎。作为女性，尤其是作为母亲，她也逐渐意识到了自己对家庭的忽视。几经权衡，王杜娟找到了领导，准备辞职。“孩子更需要我，这个时候我必须陪伴在身边。”

领导非常理解王杜娟。经过协商，单位把“流动”到天津的王杜娟丈夫调回了郑州，每天接送孩子，陪孩子写作业。“本来我想当他的大后方，结果现在反过来了。”王杜娟说，“有人笑话我老公，但我特别佩服他，本来他的事业也很成功，但他为这个家庭牺牲了很多，我得对他更好点！”与此同时，王杜娟还抽时间自学了心理学，试着开导孩子。

现在，不仅孩子心理压力消失了，王杜娟的幸福指数也提升了。连同事们都发现，王总的表扬多了、笑容多了，大家工作起来更轻松了。

2021年5月28日，习近平总书记在中国科学院第二十次院士大会、中国工程院第十五次院士大会、中国科协第十次全国代表大会上指出，让科研单位和科研人员从烦琐、不必要的体制机制束缚中解放出来。当天，王杜娟在电脑前全过程聆听了这一重要讲话，并将自己的学习感悟在党委理论中心组学习会上进行了交流。现在，她想明白了，必须要放慢节奏，很多事务性的工作能简就简，很多技术性的任务能放则放，从日常繁杂中抽身出来，才能有更多的时间进行思考，思考企业、行业的未来。

十一、恪职尽责淡看繁华

随着中铁装备在业界影响力的增强，王杜娟获得了很多社会荣誉：

2010 年被中国铁路工程总公司授予“优秀共产党员”称号；

2012 年被河南省人民政府授予“河南省学术技术带头人” 称号；

2016 年被詹天佑基金会授予“詹天佑青年奖”；

2017 年被中华全国总工会授予“全国五一巾帼标兵”称号；

2018 年当选第十三届全国人民代表大会代表，同年被中宣部评为“最美科技工作者”，荣获第三届“央企楷模”称号。

当选人大代表后，王杜娟深刻感受到自己身份的变化，肩负的责任更重了，她不仅要思考如何带领团队做强产品、做大企业，而且要积极履行代表职责和社会责任。

从事隧道施工装备制造业多年，王杜娟也发现了许多行业难题，比如如何引进高端人才？怎么制定统一的行业规范？如何提升科技创新能力？她经常借助工作机会，与行业专家、业主客户交流，收集整理对产业发展有益的建议，并整理“鼓励以企业为主体加大研发投入”“加大职业教育支持力度和试点两元制职业教育”等议案，积极为盾构产业的发展建言献策。

2021 年两会，王杜娟认真思考提案。“十三五”期间，我国工业增加值由 23.5 万亿元增加到 31.3 万亿元，已经连续 11 年成为世界最大的制造业国家。“但是每隔一段时间，就会有‘卡脖子’的报道触动我们的神经，这在制造业更为明显。今年不仅是‘十四五’的开局之年，也是两个百年目标交汇与转换之年。立足新发展阶段，贯彻新发展理念，构建新发展格局，推动建设制造强国迫在眉睫。”面对记者，作为一名来自制造业科技工作一线的人大代表，王杜娟这样说道。定神片刻，她在本上写下了三条建议：一是建议支持郑州申建国家地下工程装备技术创新中心；二是建议进一步明确放宽服务型制造企业进入工程领域的准入条件；三是建议规范轨道交通重大施工装备行业。借助媒体的传播，三条建议在行业内引起了共鸣，也成了盾构领域的共同呼声。

作为公司领导，王杜娟仍然保持着深入车间一线、项目现场的习惯，她坚信没有调研就没有发言权，常常深入基层进行调查研究，了解基层，关注重点，听取意见，帮助解决工作难点痛点，也会手把手地指导个人改进提升工作。

多年来，中铁装备的效益一直非常好。按理说，作为公司领导，王杜娟出差时，可以享受相应的交通、住宿待遇。实际上，到了现在，王杜娟还是会主动选择经济快捷酒店，吃饭更是简简单单。

作为郑州市监委第一届特约监察员和企业“六廉”监督员，王杜娟不仅自己做到清正廉洁、立场坚定，也会和一线员工面对面，宣讲企业“守正创新、六廉兴企”的廉洁文化，争做党风廉政建设表率，认真履行监督员义务。

2020 年年初，根据公司党委统一安排，王杜娟开始负责国内盾构 / TBM 的经营工作，新的业务带来新的挑战，面对属于敏感关键领域的经营战线，管理、技术上果断刚毅的王杜娟会如何“持刀”？公司华东区域营销中心副总经理李召在片区经营工作上与王杜娟接触比较多，对这一疑问进行了解答。2021 年 2 月 6—8 日，公司上隧武汉两湖隧道项目投标工作如火如荼进行。“开展经营工作，要深度解读客户需求，作好客户关系维护，要始终明白廉洁是经营工作的一切前提，坚决不允许搞特情公关、投机投标、关系投标，要严格遵守投标规则，用实力说话、用业绩证明、用能力征服。”翻阅着上隧武汉两湖隧道项目投标工作微信群信息，李召详细地念了王杜娟这段话。廉洁就要细水长流不断提醒，潜移默化中增强敬畏之心，以公正的心态去公正地做事。3月13日，上隧15米级泥水盾构的中标信息在微信群引来了一条条的祝贺，王杜娟回复了一个笑脸的表情，想必此时的她，脸上也洋溢着同样的笑容。

不久前，王杜娟被评为中铁工业“廉善”先进典型。“廉善”即指善于行事，能获得众多百姓的好评。对于王杜娟来说，就是一直从事热爱的盾构事业，研发一个个市场认可的产品，实现“中铁装备、装备世界”的梦想。

在公司召开的向标杆看齐座谈会上，王杜娟接过沉甸甸的荣誉证书。此时的她，想起了小时候母亲的教导：“再穷志向不能穷，没有规矩、不成方圆，做一个对社会有用的人。”

这些朴实的话语早已经在她的心中扎根，无论走到哪里，干什么事情，王杜娟始终坚持自己做人做事的原则。谈到未来，王杜娟说：“中国目前已有近2000台盾构，超过世界其他国家拥有量的总和，行业高速发展可能不超过10年。”

她充满信心地补充道：“当前，中铁装备的产品是生产一代、研发一代、储备一代，我们已经为企业转型作好准备，在做好现有产品的基础上，布局深海TBM、深井TBM、智能掘进等领域，只要做到发现需求、创造需求、满足需求，就能立于不败之地。”

“各位党员同志们，面临中华民族伟大复兴的战略全局和世界百年未有之大变局，我们将时刻牢记习近平总书记‘三个转变’的重要指示……将来的路也许会很难走，但我相信只要追寻自己的梦想，朝着目标坚定前行，无论成功还是失败，人生都是有意义的。”在河南卫视《党课开讲啦》现场，一阵阵热烈的掌声结束了王杜娟的讲述，一幅幅过往的画面也淡出了她的脑海，但自信的笑容依在、访谈间的自豪依在，盛开在盾构旁的杜鹃花绽放得如此绚丽多彩。

廉能

第二篇　新时代国企经营战线的『铁牛』

——中铁重工党委副书记、总经理、『廉能』典型舒伟浩

第二篇　新时代国企经营战线的“铁牛”

——中铁重工党委副书记、总经理、“廉能”典型舒伟浩

什么是“六廉”，如何以“六廉”兴企？每一个国有企业领导干部的答案可能不尽相同，在舒伟浩的奋斗历程里，“六廉”不是挂在嘴边的口号，而是要在干好每一个项目、履行每一个合约、做好每一项工作中践行初心使命，传承“为国分忧、艰苦奋斗”的“铁牛号”精神[①]。

舒伟浩，中铁工业下属中铁重工有限公司党委副书记、总经理。2011年主政中铁重工以来，为了“让企业活下来，让职工吃饱饭”，他带领干部职工苦干实干加巧干，一步步将濒临破产的落后企业从悬崖边拉上来，逐步扭亏为盈、发展壮大。10年间，企业营业收入从3亿元增长至15亿元，净利润从300万元增长至5500万元。

“10年前，我们的年产值只有同城合作伙伴的三分之一，现在我们是他们的3倍。行业里、系统内，我们从被人看不起、瞧不上到声名鹊起，企业的形象、口碑、品牌，职工的心气，队伍的士气都脱胎

① 1946年7月成立的东北铁路总局党委开展了一场轰轰烈烈的“死机复活”运动，将破损的火车头重新修复好，支援解放战争。1947年7月，绥化机务段检修工人经过艰辛努力，终于把一台早已经报废的96号机车修复，并在18个月里创造了安全走行10.6万千米的纪录。
1949年2月15日，哈尔滨铁路管理局正式命名96号机车为“铁牛号”，随后开展了轰轰烈烈的“铁牛运动”，“铁牛号”精神逐渐成为中国铁路人一面永不褪色的旗帜。

换骨。”提起这些年的变化，中铁重工上上下下满是自豪。

2020年，突如其来的新冠肺炎疫情突袭企业所在地武汉，在疫魔肆虐、人心惶惶之时，舒伟浩冲锋在前、身先士卒，义无反顾地带领团队逆行出征，通宵达旦援建火神山、雷神山医院；短短35天援建定点医院、方舱医院、隔离点等14处场所，赢得抗疫“铁军”的赫赫声名。

“他是个牛脾气，干工作一股子牛劲儿，认准的事儿就拼命干，心里永远装着企业，是个典型的工作狂。”妻子陈军最懂他。

“他很质朴、很纯粹，感恩奋进，任劳任怨，俯得下身子，是一头老黄牛。”相识30多年的老同学这么评价他。

“他特别敬业，勇于开拓创新，有命令就擂鼓出征、有任务就开足马力、有市场就竭尽所能，是把企业拉出泥潭的‘铁牛’。”熟悉他的退休老干部、同事们说。

红色基因，薪火相传。舒伟浩用自己的实际行动证明：不管时代风云如何变幻，铁路建设国企人的根和魂始终没有改变，爱党、爱国、求实、创新、奋斗、进取的“铁牛号”精神历久弥新，代代相传。

习近平总书记在全国国有企业党的建设工作会议上强调，国有企业领导人员必须做到对党忠诚、勇于创新、治企有方、兴企有为、清正廉洁。让我们沿着习近平总书记指引的方向，循着中铁重工改革发展的足迹，走近这位新时代治企兴企的“铁牛”——舒伟浩。

一、他有一股子“牛劲”，危急关头，再大的困难也要顶上去

一张洋溢着喜庆气氛的四人合影定格了舒伟浩人生的高光时刻。

照片拍摄于2020年10月22日的北京，这位个子不高、身材敦实的中年男人红光满面，西装革履，打着大红领带，胸前戴着大红花，背后的“中央企业抗击新冠肺炎疫情表彰大会暨先进事迹报告会”横幅十分显眼。

照片里的另外三人，是中国中铁总裁陈云（右二）、和舒伟浩一样荣获“中央企业抗击新冠肺炎疫情先进个人”荣誉称号的中国中铁员工智彩霞（右三），以及荣获“中央企业抗击新冠肺炎疫情先进集体”荣誉称号的集体代表黄支金（右一）。

此前，舒伟浩已经被中国中铁授予“抗击新冠肺炎疫情先进个人”荣誉称号；他领导的中铁重工援建火神山医院、雷神山医院项目部获中国中铁“抗击新冠肺炎疫情先进集体”荣誉称号。

荣誉的背后，是那段与时间赛跑、与疫魔竞速的抗疫工程援建经历，以及被媒体广泛报道、声名远扬的抗疫“铁军”故事：14 个援建任务，35 天艰苦鏖战，460 吨钢结构安装，先后带领 12 个突击队驰援火神山、再战雷神山、攻坚方舱医院……

“铁牛”，就是要在关键时候顶得上，攻坚克难不含糊。舒伟浩和他的“铁军”，在武汉抗疫援建一线，不畏生死、不胜不归，彰显铁路建设央企人的责任担当，为企业赢得了荣誉、收获了信誉、集聚了美誉。

（一）五上火神山，当“头”的就得带头上

时间回到一年多前。2020 年的春节，注定不同寻常。突如其来的新冠肺炎疫情笼罩荆楚大地，并迅速蔓延全国，江城武汉告急！根据党中央、国务院的决策部署，武汉市参照 2003 年抗击“非典”期间北

京小汤山医院模式，新建火神山、雷神山医院，集中收治新冠肺炎患者。

用最短时间建成“两山”医院，基建人被推到了抗疫的前沿，加入这场举世瞩目的疫情防控阻击战之中。而这一重担，很快就落在了总部设在武汉、与当地施工企业联系密切的中铁重工和公司总经理舒伟浩身上。

2020 年 1 月 30 日凌晨 2 点，一阵急促的手机铃声将熟睡中的舒伟浩吵醒，电话那头传来武汉市政集团负责人焦急的求助：“火神山医院建设急需支援，越快越好！”

彼时，全国各地沉浸在欢度春节的愉快氛围中，新冠肺炎疫情却正在武汉蔓延扩散，医疗资源紧缺，病人一床难求。一时间，社会上人心惶惶、谈“疫”色变。接到求助电话，舒伟浩顿时睡意全无，一口答应下来。

“作为一名党员干部，党有需要、国家有需要，我不冲谁冲，我不带头谁带头？”面对妻子的担忧，舒伟浩毫不犹豫地说。

疫情就是命令，防控就是责任！舒伟浩立刻与公司党委书记及其他班子成员进行电话沟通，当即决定成立临时党支部和党员突击队，舒伟浩担任临时党支部书记和突击队队长，并紧急组织人员和物资设备。

“关键时刻，党组织就是定盘星，党员就是主心骨，党员一带头，职工就会打消心中的恐惧和不安，就能心连心，形成战斗力。”这是舒伟浩几十年来攻坚克难的切身体会。

虽然正值春节假期，但是许多家住武汉周边的党员干部纷纷请战。短短两个多小时就组织起管理人员和技术骨干 17 人、电焊工 12 人，调配 12 台二氧化碳气保焊机、43 瓶二氧化碳和 9 台汽车，第一时间奔赴火神山医院工地。

进入施工现场，一些年轻员工心有畏惧。为了打消大家的顾虑，舒伟浩带领党员突击队先上，其他员工也纷纷进入工作岗位。“看领导和党员上了，我们一下子就不害怕了。”多位参战的一线员工说。

中铁重工接到的任务，是在 24 小时内完成医学技术楼主体 19 榀钢桁架拼装。平时，这么大的工作量没有两整天根本完不成。舒伟浩带领同事们打破常规、倒排工期，制定以小时为单位的节点计划并做好防控预案，材料工具准备、吊车固定到位、钢桁架组装到位，每一道工序大家都争分夺秒，通过工序间的平行作业抢时间。大家白天黑夜连轴转，从精神抖擞到双眼血丝密布，虽然防护服内的汗水浸透了衣衫，还因长时间重复或保持一组动作，疲惫的关节已经隐隐作痛，但队员们却丝毫也不懈怠，提前 1 小时完成任务，为火神山医院的建设争取了宝贵时间。

然而，疲惫的双眼才眯了一会儿，距离下工地不到5个小时，便又传来火神山医院ICU重症病房792平方米屋面的钢骨架安装和焊接急需支援的消息。公司再次发出号召，舒伟浩组织37名突击队员二上火神山。又是一个不眠夜，突击队员们历经14个小时，于2月1日凌晨完成援建任务。

随后，舒伟浩又连续接到通知，先后带领3支突击队伍三上、四上、五上火神山，分别完成了火神山医院墙缝封胶、医技楼室内电力施工及医疗设备安装、后续维保等任务，高效、优质的援建工作得到建设指挥部的高度评价。

（二）一心扎在施工现场，35个日夜转战14处工地

才下火神山，再上雷神山。2月3日，中铁重工接到增援雷神山医院装配式房屋安装任务的通知。公司紧急动员，再次组织一支以技术骨干为主的突击队伍，人盯人做好现场管控，经过6个多小时紧张施工，协助完成任务。

拿下“两山”后，休整不到一天，舒伟浩又迎来了新的挑战——攻坚方舱医院。

这一次，舒伟浩是主动请缨。当时，武汉市为了集中收治隔离“四类人员”，疏通救治“堰塞湖”，切断疫情的传播源，决定快速建设“3+N”所方舱医院。2月5日，舒伟浩主动联系武汉市政集团，要求带队增援方舱医院建设，为武汉乃至全国战“疫”贡献力量。

“我们中铁人始终和国家同呼吸、共命运，作为中国中铁的援建突击队，我们要保证完成任务，坚决打赢疫情防控阻击战！”动员会上，突击队员的誓言掷地有声。

新华产业园方舱医院，是要对空置已久的硚口书刊大楼进行改建。

到达现场后，舒伟浩发现条件比想象的更简陋：灯具和照明线路不能使用，没有布置图，配电柜损坏，连材料都还没准备……

“有条件要上，没有条件创造条件也要完成。”舒伟浩带领技术人员、电气工程师一起通宵研究施工方案，经过8天紧张有序的施工，完成了承接的大楼照明保障和专用厕所平台搭建焊接工作。

武汉城市职业学院隔离点由3栋7层的学生宿舍楼组成。最困难的是其中一栋宿舍楼拆迁，楼内所有电缆线错综复杂，恢复难度大，现场施工人员较多且同时施工。舒伟浩和技术管理人员立即修订施工方案，从高层向下依次恢复照明，避免与兄弟单位交叉作业带来安全风险，进场仅一天多就让3栋宿舍楼全部恢复照明。

“无论是现场质量管控，还是安全技术交底，抑或是统筹协调施工进度，制订专项方案优化施工流程，年过半百的舒伟浩都亲力亲为，有时通宵工作后，他就在车里眯一会儿，第二天一大早又继续在现场盯控施工。”一同参与援建的中铁重工副总经理易悦强说。

舒伟浩表示，战“疫”期间的援建任务，个个都事关疫情防控大局，责任大于天，不能有丝毫的懈怠。无论是大雪纷纷，还是寒风刺骨，他都与工人一同坚守在施工现场，统筹部署人员调配、物资协调、施工计划、工序穿插等工作，成为大家心中的“定海神针”。

火神山医院、雷神山医院、武汉城市职业学院隔离点、新华产业园方舱医院、日海方舱医院、长征大市场方舱医院、长江新城方舱医院、江夏普安山方舱医院、舵落口方舱医院……疫情最严重的1月、2月间，舒伟浩带领突击队员转战14处定点医院、方舱医院、隔离点等援建场所，累计焊接安装钢结构460吨，顺利完成了各项援建任务。他带领的临时党支部突击队成为抗疫援建一线流动的战斗堡垒，让党旗在抗疫一线高高飘扬。

（三）关键时刻，党员干部就要舍小家顾大家

作为现场质量、安全、进度的负责人，舒伟浩防疫、援建两手抓，工作“全天候”“白加黑、五加二”成为家常便饭。有时，他熬通宵制订方案，眼睛布满血丝，第二天一大早还坚持到现场盯控施工。了解他的老员工，谁都不敢劝他休息。因为，他们深知这位“铁牛”队长的脾气，工程不收工，他绝对不会离开现场。

然而铁人也有情啊！中铁重工的很多员工都知道，舒伟浩上有老下有小，是家里的顶梁柱，冲在战“疫”一线的他工作上没有“掉链子”，对家里却有不小的亏欠。

舒伟浩一大家子7口人，疫情期间都生活在武汉，上有年迈的父母、下有两个孩子，小儿子才1岁多。刚开始那几天，工地上的建设者还没有隔离的意识，舒伟浩会尽量赶回家，一到家，妻子都会用酒精把他全身上上下下喷一遍。

“自家的社区里时常出现病例，我哪能不担心呢？”舒伟浩说，“现在想想都后怕，跟我们一起干活的建设者有的后来被查出了抗体，如果不小心把病毒带回了家，可能就是家庭的灭顶之灾啊。”

随着疫情形势越来越严峻，没过几天舒伟浩就不敢回家了。不放心家里的老人和孩子，也怕家里人担心自己，舒伟浩每晚都会抽时间和家人视频交流。舒伟浩说：“每每看到孩子欢笑的容颜，我的心里就会升起暖流。那时我就想，一定要早日完成援建任务，让更多患者早日康复回家团圆。”

舒伟浩是家里的顶梁柱，也是单位和突击队的顶梁柱。援建过程中，他狠抓防疫工作，竭尽全力保护职工。面对前来采访的媒体记者，他说：

“哪有什么基建狂魔，都是血肉之躯拼出来的奇迹，突击队里许多骨干都是武汉周边居住的员工，即使武汉已经封城，他们也主动申请参战，他们比我苦、比我累，他们才是火神山上的英雄。”

“舍小家、为大家，越是艰险越向前。”正是带着这样的信念和意志，舒伟浩和他的“铁军”才能在最危险的抗疫一线，用自己的实绩与努力来践行使命和担当。舒伟浩常说：“在武汉工作几十年了，这里是我的家园，援建也是为了保护自己的家园，早一天让武汉恢复平安。”

一年多后的今天，武汉又恢复了往日的繁华。让舒伟浩无比欣慰的是，在家过暑假、即将读大三的儿子舒诚主动参与了这一轮的武汉疫情防控工作，做了 20 多天的志愿者。

“通过这次做志愿者的经历，我更加为父亲去年的抗疫经历感到自豪，也更加理解了父亲。”舒诚说，“越是关键时刻，越能检验党员干部的初心和本色；越是危难面前，越能体现党员干部的使命和担当。我也是一名预备党员，组织有需要、国家有需要，再险再难也要冲上去……”

二、他是拓荒牛，不断为中铁重工开拓新领域，打下新疆土

作为一家为建筑承包商提供专业化服务的国有企业，如何在激烈的竞争中存活下来并稳步发展？这是摆在舒伟浩面前的一大难题。

进，就是生；退，就是死。他心里很清楚，建筑业是完全开放的行业，中铁重工在建筑行业中扮演的又仅仅是配合和辅助的角色，要想抢得一碗饭吃，唯有面向市场，克服万难，大胆突围，不断开拓新的增长点。唯其如此，才能进！才能生！

舒伟浩是从经营战线成长起来的干部，对市场有着天然的敏感性，不仅善于捕捉机会，而且具备将每一个机会转化为生产力的强大执行力。他一手主导了中铁重工在钢结构、管片螺栓、管廊支架等领域的发展壮大。这些领域从小到大，从弱到强，一步一步孵化成长，如今在中铁重工的产业结构中占据着生死攸关的地位。

“像钉钉子一样，只要想到了，有一个缝都能挤进去。”中铁重工党委委员、总会计师、总法律顾问刘颖这样描述舒伟浩的市场开拓能力。

中铁重工的前身是铁道部武汉工程机械厂（以下简称武机厂），1986年开始担任厂长的李国鑫至今记得，舒伟浩1991年从西南交通大学毕业后进入武机厂销售处实习、工作，很快就成长为经营的好手。他说，初入职场的舒伟浩通过刻苦学习，在短时间内理清了每一项工作的流程，也掌握了公司每一项产品的性能，对架桥机、铺轨机的价格、成本、制造、技术等均用心参透，将工作做到极致，为武机厂开辟了一条销售的康庄大道。

由于工作得力，2002年舒伟浩已晋升为分管经营的副总。当时，武机厂既有的产品市场趋于饱和，发展进入瓶颈期，舒伟浩带领团队多方沟通协调，经过深入调研，将目光坚定地投向了钢梁市场。经过5年的艰苦努力，公司钢结构工程专业承包资质逐步升级到一级。

在5年的资质攀升之路上，新市场开拓的每一步都脚踏实地。2004年，武机厂与中铁五局三公司合作了第一个钢梁项目——昆明市官南路立交桥工程。从无到有“吃螃蟹”，舒伟浩要求公司上下充分学习借鉴其他公司经验，最终顺利完成项目，如期履约，迈出了真正进入钢梁市场的第一步。秉持“干一项工程，创一个品牌，树一座丰碑”的精神，武机厂随后又在昆明承接了朱家村立交桥 29 ～ 32 号墩钢箱梁项目，并在项目建设上开拓了新的生产模式，即租用当地厂房、购买设备进行制造生产，从而减少运输成本。2005 年，获取了云南昆明（大观收费站）至安宁（和平村）高速公路的项目信息后，舒伟浩克服新线路交通不便等重重困难，带领团队徒步走了 20 多千米，逐一拜访中铁十七局六公司昆安项目部的项目负责人，最终如愿以偿，成功签订合作协议。2007 年 9 月，武机厂更名为“中铁重工有限公司”，也正是在这一年，公司的钢结构工程专业承包资质升级到一级，由此加快了钢结构领域开疆拓土的步伐。

积跬步方能至千里，积累了丰富项目经验的中铁重工在 2013 年 8 月承接了第一个房屋钢结构项目——中铁西安中心项目。该项目位于陕西省西安市高新开发区，处于丈八一路西侧与锦业路的交接处，是一栋由 51 层塔楼、4 层商业裙房和 3 层地下室组成的地标性建筑。项目实施过程中，为了满足业主对品质的要求，舒伟浩多次前往西安，几乎看遍西安同类在建项目，经过细致对比，找到了既美观又实用的楼层板。2013 年年底，中铁西安中心项目的地上主体结构仅建了 7 层，进度滞后，业主要求赶工期，舒伟浩带领团队克服时间、资金、原料、人员等方面的不利因素，紧急调配 20 台焊机、8 台栓凝机以及其他设备，并花费 70 多万元添置新设备，投入项目。同时，与其他安装公司合作，在原有施工队伍的基础上新增加了两个得力团队。一个月完成了 9 层的施工任务，满足了业主的要求，诞生了西北市场第一个超过 200 米的钢结构房屋。

在武汉市场，中铁重工大展拳脚，大有作为。舒伟浩坚持巩固武汉市场，深耕不辍，用真功夫啃下一个个硬骨头。

2018 年 5 月，中铁重工承担的武汉光谷南延线项目需要在一年时间内完成 45000 吨钢箱梁制作安装任务，挑战巨大。舒伟浩组织专题会研究部署，针对该项目的具体要求和面临的实际困难，打破生产部管厂内生产、项目部负责现场安装的固有模式，由项目部主导生产协调，既充分发挥了项目部的外围协调优势，又确保了生产部即时掌握工期变化，迅速采取相应对策。在这种新模式下，中铁重工各部门、各生产基地高效配合，在 2019 年 5 月底顺利完成了武汉第七届世界军人运动会要求的节点目标。

2019 年 7 月，武汉军运会越来越近，杨泗港青菱段钢结构项目工期紧张，由于种种原因，中铁重工施工进度落后于其他承包方。舒伟浩得知后，立即从武汉市其他项目调配施工队伍支援。当时，他已任中铁重工上级单位中铁科工集团副总经理，仍两天一趟去现场督导，中铁大桥局第七工程有限公司相关负责人检查工地时，总能看到舒伟浩的身影，被他认真负责、不辞劳苦的精神打动，改变了对中铁重工的看法。更为重要的是，中铁重工通过这个项目与中铁大桥局七公司建立了密切联系，此后，该公司有类似项目都会向中铁重工抛出橄榄枝。两年时间里，两家公司相继合作了武大线、建设大道、百二河、高新二路、建安街等一批钢结构项目，堪称进入了合作的“蜜月期”。

敢想敢干，在舒伟浩带领下的中铁重工不放过任何一个稍纵即逝的宝贵机会。

湖北荆门漳河新区爱飞客航空小镇是华中最大的航空运营服务基地，在打造的过程中需要修建爱飞客大道跨总干渠、漳河大道跨总干渠的桥梁，以保证出行便利和交通安全。2015 年上半年，得知原有设计单位规划设计的混凝土桥无法满足工期要求，舒伟浩当机立断，与中南设计院合作，一周时间内制订了钢桥设计施工建设方案，得到了业主和甲方的认可。拿到项目后，4个月内完成了安装，在2015年10月首届荆门爱飞客飞行大会举办之前顺利交付，由此昂首挺进荆门市场。

多年深耕，钢结构已成为中铁重工的优势业务。近年来，中铁重工先后承建了银川艾依河桥、深圳空港新城景观桥、云南保泸高速勐古怒江特大桥、樟树市赣江二桥、武汉市楚河汉街景观桥、贵阳未来方舟南明河景观桥等诸多大型桥梁，承揽了武汉市岳家嘴立交桥、二环线珞狮路立交桥、武汉大道高架桥、雄楚大街改造工程、光谷大道南延线等诸多重点市政工程，承接了中铁西安中心、中铁置业三亚子悦薹、青岛世界博览城展馆等房屋钢构项目以及滇中引水压力钢管工程项目等。目前，中铁重工钢结构年工程量已达30万吨。

在舒伟浩的主导下，中铁重工在管片螺栓、管廊支架等领域也赢得了一席之地。2017年，中铁重工新签武汉地铁8号线二期工程管片螺栓8.8万套、成都轨道交通9号线一期工程管片螺栓32万套、济南地铁2号线1标管片螺栓近6万套。2018年，中铁重工拿下武汉、成都、西安、济南、杭州、福州等城市的地铁管片螺栓项目，累计合同额7100万元。2020年，中铁重工管片螺栓、管廊支架抢占广东、陕西、云南等地市场，新签合同占机械产品类新签合同额的34%，成为新的利润增长点。2021年上半年度两项产品完成新签合同2亿多元，占新签合同总额的13.4%。

对新市场精准开拓的背后，是舒伟浩敏锐的洞察力和令人叹服的执行力。以项目为中心，围绕项目调配资源、开展工作，是舒伟浩探索出的一条有益经验。他就是一头拓荒牛，立足实际，找准定位，锐意进取，不断为中铁重工开辟新的市场，为发展打下厚实根基。

三、他是老黄牛，对职工既严厉又爱护，带着大家奋力向前冲

企业求生存的特殊时期，带着队伍“打仗”，舒伟浩率先垂范、以身作则，当先锋、当表率、当标杆，凝心聚力解难题、破危局；企业发展向好之后，他着力补齐制度短板，用制度管人，以文化养人，推动企业管理正规化、规范化。

他始终把职工摆在突出位置，通过发展解决历史遗留问题，竭尽所能改善职工待遇，千方百计激发职工干事创业活力。

从我做起，要求别人做到的自己先做到，这是舒伟浩身上十分鲜明的特征。

他是怎么做的呢?

不论寒暑，“五加二、白加黑”是常态，每天早上，总是提前半小时赶到办公室。带病上班司空见惯，职工们多次看到，舒伟浩在办公室一边打着吊针一边安排工作。每年春节公司提前放假，他执意坚守岗位，直到除夕前一天中午才赶回老家过节。春节期间只休息三天，正月初三就开始拜访客户、走访项目、慰问坚守一线的员工，正月初七、初八就开新一年的经营会。出差跑项目，半夜等客户、守客户，坚持持续作战，哪怕头一天工作到凌晨只能睡几个小时也绝不影响第二天的工作。这种钢铁作风，深刻地影响了中铁重工的干部职工。

“我当副总经理，他当总经理，一个星期 7 天，每天早上 7 点多他的电话就来了。”中铁重工原工会主席、监事会主席车佐其说，“舒

伟浩务实重行，看问题一针见血，解决问题能力超强，从不讲废话、空话，排除干扰一门心思抓经营、促落实。每一件事情什么时候开的会、谁负的责清清楚楚，每隔一段时间就翻出来查看、督办。”

雷厉风行的舒伟浩有自己独特的管理风格：“你要亲自带他们，你要教他们，你还要逼他们！”

中铁重工纪委副书记桂亚华说：“舒伟浩批评下属的时候非常严厉，语气很重，但他帮助你的时候也是满腔真情。我们都对他佩服得五体投地。”

“我们比他年轻很多，但他的工作节奏我们跟不上。头一天工作到很晚，第二天早上六七点钟接着干工作，这真的是只有铁人才做得到。”中铁重工副总经济师、经营工作中心副主任蔡兴说。

中铁重工行政办公室主任汪鸣说，有一次他陪同舒伟浩赴昆明出差，凌晨 2 点多到机场，4 点多到酒店，匆匆入睡，可他早上 7 点多起床后却发现，舒伟浩在酒店外面边走路边打电话，已经开始忙工作了。

不拉帮结派，一心一意谋发展，这是中铁重工职工对舒伟浩的一致评价，这也是中铁重工过去 10 年最为显著的特征。舒伟浩以无可替代的个人风格、个人魅力重塑了中铁重工的文化。

严管就是厚爱，厚爱必须严管。在舒伟浩的认识中，严管与厚爱是一个硬币的两面，相辅相成，缺一不可。

通过发展解决历史遗留问题，有了条件尽快解决历史遗留问题。舒伟浩 2011 年担任总经理以来，推动消化历史遗留问题，共计解决社保拖欠费用 536 万余元。

舒伟浩还十分关心单身员工的生活情况，强力推动单身职工宿舍的适住性改造，配套了娱乐设施，从根本上解决了单身职工的住房问题，提高了生活质量，确保他们能够安心工作。

中铁重工一名 1998 年入职的职工说，舒伟浩上任以前，公司经常拖欠工资半年以上，发工资也只发基本生活费，大概为工资的三分之一，无法保证基本生活支出，很多职工都离开公司，自谋出路。舒伟浩上任以后，切实为职工考虑，确保每个月的工资可以按时足额发出，福利待遇也有了较大改善。

提高职工收入，增加职工的获得感，一直是舒伟浩努力追求的目标。过去 10 年，中铁重工职工的工资大幅增加。2011 年，在岗职工平均工资 3.38 万元；2020 年，已上涨至 11.22 万元。10 年间，每年都保持了 10% 以上的增长。企业发展得如何，职工收入是最有说服力的指标。

2018 年，舒伟浩被提拔到中铁重工上级单位中铁科工任副总经理。2019 年，多种原因导致中铁重工职工工资增长放缓。2020 年 1 月，中铁重工从中铁科工分立，成为中铁工业直属子公司，面临一系列新的发展机遇与挑战，舒伟浩重新担起了中铁重工总经理的重任。这一年，中铁重工职工工资大幅增加，从 2019 年的人均 8.9 万元快速上涨至人均 11.22 万元，增长率达 26%。

“职工的主观感受就是，舒总走了之后工资降了，舒总回来之后工资涨了。这显示出广大职工对舒总的高度认可和坚定信心。”中铁重工人力资源部部长姜梅说。

“发展才是硬道理。”要发展，就得激发职工干事创业活力。中铁重工不断完善激励机制，全力推行目标责任制和团队加个人的激励考核方案，提高业务员的主观能动性。舒伟浩认为，有所为有所获，让干事者得回报，是公平公正的必然要求和题中应有之义。

2017—2020 年，鉴于企业效益不断提升、管理水平不断优化，中铁重工对岗位工资制度进行了3次调整和修订，使得职工薪酬水平与企业发展水平相匹配。中铁重工建立了完善的绩效考核制度，依据各单位的工作责任大小、工作目标难易程度、工作任务繁重程度以及关键绩效指标等定性和定量要素分别确定权重，进行量化评分，严格按照考核结果进行奖励或处罚，并与各单位的绩效工资发放直接挂钩。

舒伟浩说：“企业的主要领导包括中层干部要公平、公正、公开，只有这样，企业才能实现善治。”

在涉及职工切身利益的问题上，舒伟浩从不含糊。他深深地懂得，只有全体职工团结奋斗，企业才有希望、才有前景。

2016—2018年，中铁重工起重机分厂和机加工分厂订单不足、收入缩水，职工情绪波动大，工作积极性受到较大影响。舒伟浩在调研中充分了解实际情况，最终经中铁重工领导层讨论研究决定，调整了两个分厂职工的薪酬考核机制。两个分厂的职工受到极大鼓舞，负重爬坡，迎难而上，高效完成2台铺轨机和2台架桥机的制造，为日铺设肯尼亚蒙内铁路8.2千米的世界铁路铺轨纪录提供了坚实的保障，助力蒙内铁路建设工期缩短至两年半，在国家“一带一路”建设中贡献了重工力量。

关爱职工，还体现在点滴小事上。中铁重工经营工作中心钢结构二部主持工作的副部长张礼清说，有一次他肾结石发作，没有去公司，舒伟浩7点多到公司后给他打电话，问他在哪儿，张礼清给舒伟浩讲了自己生病起不来的情况，舒伟浩听后立即冲到门卫室，让门卫开着他的私家车赶到张礼清家，把张礼清送到了医院。他还现场批评部门相关人员连张礼清病了都不知道。

“这让我非常感动。从这一件小事上能够体现这个人的境界。人都有一颗感恩之心。有生以来，我佩服的人不是很多。在舒总的表率作用下，我成了我们家那口子眼里不顾家的‘野人’。”张礼清说。

中铁重工党委委员、总会计师、总法律顾问刘颖说，舒伟浩特别关心春节和中秋节、国庆节前的回款，因为中秋节前学生要上学，春节前农民工要回家过年，因此一定要把钱拿到，及时付给农民工和供应商。

对于舒伟浩而言，新的 10 年已经开始。他说：“在中铁科工的一年多，我管经营，在很多项目上跟着中铁工业的领导一起跑，学到了很多。去年 1 月份回来的时候，我觉得我的水平和以前相比有了很大提高，管理格局也提升了，开始用制度来约束，抓落实。”

四、他是奋斗牛，把中铁重工拖出泥潭，带上新台阶

从交不起电费、社保金，到净利润突破 5500 万元；从濒临倒闭，到焕发生机、人心思齐；从四处碰壁、艰难求生，到追求高质量发展……

2019 年，在舒伟浩出任总经理 8 年后，中铁重工营业收入突破 10 亿元，净利润突破 4500 万元；

2020 年，中铁重工再上新台阶，营业收入突破 15 亿元，净利润突破 5500 万元……

曾经的中铁重工，千疮百孔。中铁重工原党委书记张同宝和舒伟浩一样，经历了中铁重工最艰难的年月。“1999 年、2000 年的时候，人均生活费 260 元，还不能按月发，只能按季度发。最多的时候，社保金差了 1500 多万元。夏天，因为交不起电费，职工宿舍不得不分时段供电，两个小时一拉闸……”讲起过去的艰难，一切都恍然如昨，

张同宝感慨万千。

“武机厂大集体职工 800 多人，闹了大半年，长江二桥都被堵了，院墙也被推倒了，领导被围在食堂不准走……”中铁重工原工会主席、监事会主席车佐其的回忆，充满苦涩。

怎会如此？何至如此？问题源于国家经济体制从计划经济转为市场经济时，武机厂没能跟上时代的步伐，从而陷入困境。一步输则步步输。大部分职工纷纷离岗，自寻活路。1997—2000 年，在岗员工人数骤降，减少了近 900 人。

虽然大量职工离岗，但这部分人集体部分的社保，依然由武机厂承担，从而产生了很多在册不在岗的职工，成为沉重的历史包袱。2010 年，中铁重工在岗职工 468 人，非在岗职工却有 416 人。背着这样的包袱前进，中铁重工的发展之路注定艰难。

“都说不要搞‘五加二、白加黑’，可是那么多人要吃饭，我们不拼命干，能行吗？”舒伟浩叹道。

发展是第一要务，舒伟浩通过采取多种综合措施，排除万难，带领职工奋力向前。中铁重工于 2017 年年底全面完成“处僵治困”的任务目标，企业发展质量和效率显著提高，国有资本运营效益明显提升，资产负债率回归正常水平。那最艰难的年月过去了！那噩梦般的日子结束了！

在舒伟浩的不懈努力下，和 10 年前相比，中铁重工已然发生质的变化。

——产业结构更加合理。经过“十三五”期间的长足发展，中铁重工的城市桥梁钢结构、景观桥梁钢结构规模日益扩大，并成功进军地下空间市场，形成了以市政钢结构为主体，以机械产品和工业制品为支撑的“一体两翼”发展格局，产业结构更加稳健有力。

——机构设置更加科学。中铁重工根据业务发展需要，设置了经营工作中心，下设产品事业部、海外部、钢结构一部、钢结构二部、钢结构三部、商务部、桥梁产品事业部 7 个部门。同时，结合主营业务、资源优势和市场潜力，按照片区划分，成立了北方、华中、华东、华南、昆明、西南、西北 7 个区域经营分公司。在各大营销片区针对性制定经营策略，科学布局营销网络，充分发挥区域营销的广度优势和项目营销的深度优势，提升市场营销活动的效力。经过多年摸索，形成了本地经营、板块经营、立体经营、区域经营齐头并进的经营格局。

——人力资本更加优化。中铁重工坚持引进专业人才、加强人才培养、优化人才结构，2010 年 35 岁以下职工仅占比 19.68%，2020 年底已提升至 41%。舒伟浩带头言传身教、“现身说法”，帮助年轻的中层干部和业务骨干在经营工作上快速成长。抓住一切机会“传帮带”，舒伟浩每次进行现场检查时，都要给现场负责人分享工作思路和方法，从思想上革新负责人的管理理念。在日常经营活动中，他也千方百计提高年轻的中层干部和业务骨干的参与度，还精心组织经营分析研讨活动让他们从中学习成长。

今日的中铁重工，早已不是领导们“谈之色变”的那个烂摊子。归根结底，是舒伟浩这只“领头羊”当得好。他不只是“领头羊”，更是“领头牛”，拖着大家前进。

“舒总把他学的管理和武机厂的经营很好地结合起来了。我们现在越走越好，又能追上中铁宝桥、中铁山桥的步伐了。”车佐其说。

车佐其口中的中铁宝桥和中铁山桥，指的是中铁宝桥集团和中铁山桥集团，它们的前身是宝鸡桥梁厂和山海关桥梁厂，与武机厂、沈阳桥梁厂、宝鸡工程机械厂同属于原铁道部，是老牌的国字号工厂。它们都有属于自己的辉煌时代。5家工厂中，3个桥梁厂规模相对较大，2个工程机械工厂规模略小。红尘滚滚，大浪淘沙，一代新企换旧企，昔日春风得意的沈阳桥梁厂早已倒闭，成为历史的烟尘。

中铁重工的很多干部职工认为，如果不是舒伟浩带着大家把钢结构、管片螺栓等新业务做大做强，而是死守着工程机械装备的经营老路，中铁重工肯定也会像沈阳桥梁厂一样星辰陨落，消失在历史的长河中。

“他业务方向把握得很准，对企业的财务管理、运维成本管理很有一套。公司的人员跟着他学习了很多，进步很大，他约束大家，把企业拉出坑，带上了一个很好的平台。”与舒伟浩一起搭班子多年的张同宝说，“舒伟浩做经营副总的时候，就对钢结构有了准确定位，掌握决策权以后，积极将钢结构业务做大做强。没有这样一个领导死命盯着，这个产品兴许就完了。”

“舒总搞经营很有狼性，盯住的东西，咬住就不放。我们很多领域都是因为他的狼性的工作方法得到的，重工源源不断有新鲜血液、新鲜客户、新鲜产品来发展壮大，正是得益于他的这种狼性的风格。”中铁重工纪委副书记桂亚华评价说。

中铁重工党委委员、副总经理易悦强说，舒伟浩开得最多的专题会是成本专题会，作为总经理，单价多少钱一吨能接这个活儿，有多大利润，都会研究得一清二楚。

成本管理和财务管理，舒伟浩甚是得心应手。他自豪地说：“我对公司的经济运行状况比公司任何人都知道得全面。”“每个项目的经营情况、进度特别是回款，没有一个人比我更清楚。”……

作为总经理，舒伟浩在紧抓成本管理和财务管理的同时，立足中铁重工新发展阶段，坚定不移地贯彻规模与质量并重的新发展理念，以改革创新为根本遵循，逐步建立健全公司的规章制度体系、经营管理体系、生产安全体系、人才培养体系、激励考核体系、监督风控体系。聚焦党建引领、改革创新、市场优化、技术创新、产能提升、提质增效、人才兴企七大质量提升工程，不断提升公司精细化管理水平和治理能力。

建立更加完善的现代企业治理体系，舒伟浩和中铁重工已经在路上。

——在顶层设计方面，致力于以机构改革和机制健全为核心，以建设服务型机关和推进制度“现代化”为重点，深化体制机制改革，开展规章制度体系建设年活动，全面梳理现有规章制度，强化制度刚性执行，做到用制度管人、用流程管事，实现制度流程建立规范、使用高效，不断提升管理效能，为企业运行提供体制机制保障。

——在经营管理方面，致力于以规模与质量并重为出发点，不断丰富经营要素，持续整合市场和生产资源，加大正向激励，激发分公司经营潜能。在深化区域营销模式的基础上，坚持做好在建项目就是最好的经营这一思路，与合作伙伴搭建共建共享发展模式。

——在科技研发方面，致力于以关键技术研发和信息化建设为核心，广泛运用人工智能、大数据、云计算等新技术，重点围绕增加产品功能、解决现场问题、提升用户体验等方面开展科技创新，实现质量、品牌双突破。

——在安全生产方面，致力于以资源优化配置为核心，以标准化建设和安全文明生产为重点，不断提升生产能力，并站在和谐发展的新高度，处理好安全与生产、安全与效益、安全与发展之间的关系。

——在经济运行方面，致力于以降本增效为出发点，以预算管理和成本管控为实现路径，加强项目成本管控，提高项目管理水平和核心竞争力。同时，以重点督办清收清欠项目为抓手，大力开展双清和两金压降工作。制定每月双清目标，并将目标细分至每周，落实到具体责任人，层层压实责任。

——在人才建设上，致力于以加强员工能力建设为核心，以创新人才发展机制为动力，开展作风建设和效能提升行动，加大培训力度，全面提升人才队伍整体素质和核心竞争力，为实现企业发展目标提供坚强的人才保证和智力支持。

日益完善的现代化管理，使得中铁重工处于良好的运行状态，为企业可持续发展提供了重要保障。企业发展的根本性改观，让舒伟浩成了中铁重工干部职工眼中的“铁人”“强人”“能人”，在干部职工中有着非常高的威信和号召力。

五、他是一头孺子牛，俯下身子默默耕耘，在为民服务中践行初心使命

一个国有企业的领导人，为什么要这么拼？这是萦绕在许多并不熟悉舒伟浩的人心中的一个问题。一份尘封了 20 多年的入党申请书，或许能够略窥一二：

“作为一名刚步入工厂的青年目睹党组织在工厂中的巨大作用，共产党员在工作中的模范带头作用，使我萌发了加入中国共产党这一先进组织的愿望。

“没有共产党，就没有新中国。就我本人而言，没有共产党，就

不可能有我的今天。试想，在旧社会，一个农家子弟怎么能顺利地完成高等教育呢?

“一滴水只有放入大海中才不会干涸，我愿做一滴水，溶入中国共产党的大海中，为祖国最大限度地贡献力量。”

这是舒伟浩 1992 年 6 月手写的入党申请书，彼时，他从铁路名校西南交通大学毕业后被分配到中铁重工的前身原铁道部武汉工程机械厂不到一年。这位出生于鄂南山村崇阳县港口乡东堡舒家一个贫苦农民家庭的知识青年，越来越深切地体会到了党的先进性。

1994 年，在舒伟浩写这封入党申请书的两年后，他成了一名光荣的共产党员。

他是这样写的，也是这样做的。27 年来，舒伟浩从一名普通的一线员工成长为企业负责人，与这家饱经风霜的企业共同经历风风雨雨，始终不抛弃、不放弃，在企业生死存亡的危急关头，他勇挑重担，带领干部职工攻坚克难，把这家濒临破产的企业一步步拉出泥潭。这位新时代的基层铁路建设央企掌门人，用默默奉献、任劳任怨、苦干实干的行动，发扬着为国分忧、为党分忧的“铁牛”精神，用智慧和汗水、实干和实绩诠释了入党初心。

（一）三十年如一日，一生忠于一家企业

舒伟浩 1991 年从西南交通大学工业管理工程专业毕业后，除了被提拔到上级企业短暂任职一年多外，其余时间都在中铁重工。同专业 50 多名同学，只有他还在干与专业对口的老本行；和他同时入职中铁重工的 6 名大学毕业生，也只剩下了他一人。

毕业于铁路名校，专业过硬又勤奋踏实，舒伟浩身边有不少诱惑。特别是 1992 年邓小平南方谈话后，到广东工作经商的同学、朋友、同事络绎不绝，一下海收入就能翻好几倍。而舒伟浩所在的原铁道部武汉工程机械厂发展规模、工资待遇等又相对较差，在20世纪末一度发不出工资、濒临倒闭，许多人离职了，舒伟浩却坚持留了下来。

彼时，舒伟浩的生活也曾相当艰难。30多岁才娶妻生子，一家三口挤住在单位的一间宿舍里；生活所迫，他只能拼命工作，业余兼职工作补贴家用；人生的第一套房，还是四处凑钱买了一套办不了证的小产权房……

“我出身贫农，是村里的第一个大学生，能上大学跳出‘农门’，被国家分配到一家部属企业，已经非常知足了。”舒伟浩说，“当时的领导、师傅们对我很重视很关照，与工人师傅们也相处融洽，工资低点可以克服，反正苦日子也过习惯了，更重要的是我很快成了入党积极分子，入了党，不能辜负了党组织的信任。”

就这样，舒伟浩从见习生干起，当过生产调度、业务员，到销售科长、副处长、副总经济师，一步步成长为公司副总经理、总经理，这一干，就是30年。

2018年4月，在中铁重工工作了27年的舒伟浩从总经理任上被提拔到上级企业中铁科工任职，他仍然时刻关注着中铁重工的发展。2020年年初，企业从中铁科工分离后，他毅然回到中铁重工担任总经理。在许多人看来，对于已经52岁的舒伟浩来说，这是一次重大的人生挑战。

其实，在舒伟浩心里，有比“官职”更重要的追求。

“是中铁重工哺育了我，我要知恩图报；企业刚刚走上正轨，还有许多事要做，忠于企业也就是忠于党的事业、忠于党。”舒伟浩说，“人的一生很短暂，能干好一件事，管好一个企业就足够了。”

（二）担当作为、履职尽责是最大的忠诚

舒伟浩最离不开的物件，是随身带着的一个黑色公文包和手机。这个不起眼的手提皮包里，常年放着一个笔记本，密密麻麻地写着每天要联系的人、要干的工作，还放着公司的双清计划册以及其他项目资料，上面也满是他计算的数字和批注。对于全公司 200 多个项目的清收进度、清欠进度、工期进度等，他了然于胸。

在舒伟浩看来，作为国有企业的党员干部，对党忠诚不是空喊几句口号，不是整天挂在嘴边的虚功，而是在党的坚强领导下敢于实践、勇于担当，用攻坚克难的实际行动和不凡的工作业绩，诠释对党的忠诚。舒伟浩用他 30 年如一日扎根企业、艰苦奋斗的经历，践行了他对忠诚的理解。

原铁道部武汉工程机械厂厂长李国鑫是舒伟浩的第一任老领导，他见证了舒伟浩在企业 30 年的点点滴滴。一个冬天的凌晨，李国鑫接到舒伟浩的电话：“中铁二局的领导途经武汉，会经停一两个小时。”不顾天寒露重，舒伟浩随他到火车站找这位领导，借机推销公司架桥机、铺轨机等产品，中铁二局领导备受感动，因此双方企业建立了多年良好的合作关系。李国鑫说，当时 20 岁出头的舒伟浩就有了“不仅要销售好自己的产品，还要跟顾客做好心灵上的沟通”的销售理念，实在难能可贵。

担当作为，还体现在攻坚克难时的亲力亲为，跑项目、住工地、盯进度，把自己钉在最前线“拔钉子”。

一封深圳地铁 14 号线联合体项目经理部写给中铁工业的表扬信，展示了舒伟浩和他的“铁军”风采。表扬信写道：“在钢管柱、型钢梁的施工过程中，我方看到了贵司对本项目的高度重视，重工公司主

要领导亲自挂帅指挥，积极协调各方，组织分配劳务资源，在施工任务重、施工难度大、施工周期短等诸多不利因素影响下，顺利实现业主的节点计划。”

表扬信的背后，是舒伟浩冲锋在前“拔钉子”的一幕幕。中铁重工承揽的是深圳地铁 14 号线大运枢纽钢管柱、型钢梁专业分包项目，2020 年 1 月底签约，要求当年 7 月 30 日前完成 4150 吨型钢梁制作安装。然而，突如其来的新冠肺炎疫情打乱了所有部署，4 月 8 日武汉解封时工期已滞后近 3 个月，但业主要求项目节点工期和关门工期不变。

千钧一发之时，舒伟浩亲自挂帅，为拔“硬钉子”、啃“硬骨头”，他安排专人盯守钢厂，充分调动生产资源，六下广东，在项目上连续蹲守半个月。他经常一天驱车 500 多千米，来回往返肇庆、佛山、东莞、惠州、深圳，每个加工厂他都亲自去检查指导，倒排工期、挂图作战，把每项责任落实到人，建立“重大问题及时汇报，技术难点专题汇报，工程进展每天汇报”的项目施工汇报机制，确保了各加工基地满足有关进度要求和标准。

经过两个月的昼夜鏖战，舒伟浩带领团队克服时间紧、任务重、焊接结构复杂等重重困难，如期全面完成深圳大运枢纽型钢梁加工任务，再次诠释了“铁军”精神。

跑项目、盯工地、在路上……在同事和家人眼里，舒伟浩就是个拼命三郎。一摞摞飞机票、火车票和住宿发票，见证了他的奋斗轨迹。2020 年疫情之下，舒伟浩仍有 125 天在外出差，坐了 45 次火车、47 次飞机，足迹遍及北京、昆明、贵阳、深圳、成都、广州、沈阳等地。

“企业几乎是他的全部，他陪伴我，陪伴孩子的时间太少太少了。”妻子陈军说，“已经记不得上一次陪我们逛街、逛超市是什么时候了，一家人出去旅游也极少，还是10多年前去过一次云南，今年暑假去九江，他第二天就走了。”

李国鑫说：“这么多年，舒伟浩鲜有属于自己和家人的时间，一切为了企业发展、一切为了员工幸福。他用实际行动践行着责任与担当，回报公司和组织的培养，我为企业有他这样的领导人感到自豪。”

（三）党建和生产经营有机融合，企业才能行稳致远

舒伟浩认为，企业要发展壮大、行稳致远，必须向先进国企学党建，向优秀民企学市场意识。解决党建和生产经营两张皮的问题，实现有机融合，这是企业平稳地走得更远的关键。

2020 年 1 月，中铁重工从中铁科工分离出来后，舒伟浩第二次成为公司的党委副书记、总经理。这一次，他对党建和生产经营的关系理解得更深了，经过一次战“疫”，对党组织在企业中主心骨的作用看得更明白了。

“他听党话、跟党走、感党恩，一年来他积极协助创建‘铁流’党建品牌，中铁重工的党建工作有了显著的变化和提高，干部职工队伍精神面貌焕然一新，党建和生产经营得到了有机融合，全面推动了中铁重工的高质量发展。”中铁重工党委书记、执行董事李书学说。

支援火神山医院建设，中铁重工在“火线”建立起一个由 7 名党员组成的临时党支部，舒伟浩担任临时党支部书记。第一项任务就是紧急动员工人参加突击队。“许多在武汉周边居住的党员干部主动申请回厂，纷纷要求为火神山医院、雷神山医院建设出一份力。关键时刻，党员的模范带头作用特别重要。”舒伟浩说。

舒伟浩潜移默化地带动了很多人。青年技术骨干张俊原本不在突击队名单中，听到公司有紧急任务，他主动给领导发去微信请求随队“参

战”：“作为一名党员，一名预备役军人，一名青年干部，我有义务、有责任作出应有贡献。”

“到了现场，很多人开始时还是怕。但党员一带头干，就没人害怕了。”入党 20 多年的中铁重工钢结构分厂厂长陈华子说，“有了党员的带头作用，整个动员过程非常顺利。大家一条心，就是一定要尽快把医院建起来。”

为了抢工期，空中作业的党员怕喝多了水上厕所，一忍再忍坚持不喝水；有的党员焊工连续焊接 10 多个小时，眼睛被电弧光灼烧得流泪不止，仍轻伤不下火线；许多党员干部克服家里的各种困难，20 多天吃住在工地上，没回过一次家……

“一场前所未有的战‘疫’，让我体会到一个党员就是一面旗帜的真正含义，关键时刻，党组织就是定盘星，党员就是主心骨。”舒伟浩说。

领导带着党员干，党员带着群众干。在企业爬坡过坎、攻坚克难的过程中，舒伟浩更加重视发挥党建引领的作用，以加强基层党组织建设和“铁流”党建品牌体系建设为重点，将党建工作与经营管理有效融合，强化党建的引领作用。

通过党史学习教育活动、庆祝建党 100 周年系列活动等形式多样的党建活动，加强思想政治和宣传阵地的建设，打造“铁流”党建品牌。逐步健全企业党建工作制度，完善制度运行机制和监督机制，推进基层党支部规范化标准化建设。在中铁工业驻鄂企业中，中铁重工率先成立“六廉”工作室，推动全面从严治党向纵深发展。

同时，找准基层党组织服务生产经营、凝聚职工群众的着力点，建立以“五级保障体系”为基础，以“三让三不让”关爱员工工程为主干，以“三不让”帮扶救助、幸福之家“十个一工程”、员工健康关爱计划为支撑的员工关爱体系，建设和谐“家”文化。推进基层党建机制创新，推动党的建设与业务工作同部署、同落实、同检查、同考核，不断增强党组织的政治功能，激发企业发展内生驱动力。

六、他似老翁饮牛的洁净溪水，质朴纯粹，以廉洁之志过无悔人生

一个天天与工程、与钱打交道的基层国企领导人，会不会是一个清正廉洁的人？这是许多人心里的疑问。

“公道在人心。”与舒伟浩共同主政企业 7 年的中铁重工原董事、党委书记张同宝说，“出差，他不带人、不游玩，办完事走人，如果自身不过硬，他对下属那么严厉，别人怎么能服气呢？”

在中铁重工，舒伟浩的威信和群众认可度较高。2020 年度职工对干部的测评中，他的优秀率达到了 100%，纪检部门也没有收到关于他的举报信。

在老同学曾云眼中，舒伟浩这么多年一直保持着农村人的质朴，人比较纯粹。“他对吃喝没什么要求，不追求享乐，没那么多欲望，日子过得很简单。”曾云说。

“门外一溪清见底，老翁牵牛饮溪水。溪清喜不污牛腹，岂畏践霜寒堕趾。”新时代的“铁牛”，就要经得起考验、抵得住诱惑，以廉洁之志过无悔人生。

（一）不该要的坚决不要

舒伟浩的妻子陈军 10 多年前为了照顾家庭放弃了自己的工作，回

到家中成了一名全职太太，组织上关照他，几次要在企业给陈军安排工作，都被舒伟浩拒绝了。

“我现在社保、医保、养老保险都是自己交，也曾经有很好的工作机会，一次去中铁科工，一次到湖北省中医院，都为了支持他的工作放弃了。”陈军说，“我们家就是我主内、他主外，家里的事他都不怎么管，连买房子装修都不过问，工资卡一直放我手里，他对打理钱财没什么概念。”

舒伟浩就是这样一个人，不愿意占企业便宜、拿企业的好处，他认为不该要的东西坚决不要，不该享受的特权坚决不享受。合作的外协单位，绝大部分他都不认识。家里只有自己住的一套房子和一个投资的门面。他一心想的是把企业救活，发展壮大，让职工过上好日子。

不仅不占企业便宜，有时为了工作，舒伟浩还毫不犹豫自掏腰包。在中铁西安中心项目赶工过程中，企业资金紧张一时拿不出足够的钱给合作厂家，舒伟浩自掏腰包先行垫付，业主被舒伟浩的人格魅力和无我精神折服。此后，该项目不仅付款及时，也为后期合作奠定了基础。

（二）为企业利益“斤斤计较”

与舒伟浩打交道的合作企业都知道，舒伟浩把企业利益看得比什么都重，账算得很精，想要从他身上赚到更大的利润不可能。熟悉他的老干部说，他的一大特点是“抠”，把关很严，私下里跟方方面面关系都很好，但算账的时候绝对寸步不让。公司经营人员更清楚，给舒伟浩报价格、审合同容不得半点私心杂念，“算账永远算不过他”。

“舒伟浩业务很强，对数据、数字很敏感，他谈来的单价，一般人做不了，合作商只能拿到自己该拿的那部分利润，不可能在合同上做什么手脚。”张同宝说，“就是凭着每一个项目每一笔款项的斤斤计较，才能在企业特殊困难时期慢慢扛过来，把这个企业从泥潭里拉出来；如果没有舒伟浩，中铁重工可能早就不存在了。”

舒伟浩为了企业利益“斤斤计较”，对个人的提拔升迁、工资待遇却看得很淡。宁可少拿一点奖金，也要维护好企业和职工的利益；宁可在企业“原地踏步”，也不去跑官要官。

“他不争名也不夺利，一门心思干工作，干起来没有白天黑夜。忠诚于企业，忠诚于党的事业。”与舒伟浩搭班子 10 多年的车佐其说。

“他当官的欲望不是那么强，一心做事，目标很明确。”张同宝说。了解舒伟浩的人都知道，他再次入主中铁重工，还只是个正处级，几次升迁的机会，他都放弃了，他要这个企业真正做起来。

（三）不图享乐，生活简简单单

生活中的舒伟浩，是一个什么样的人？

“父亲在生活中是个比较乏味的人，几乎没有兴趣爱好，每天晚上散散步，还在不停地接打电话。”儿子舒诚说。

“他的衣服都是我买的，很多是两三百元一件，买什么他穿什么，对吃也没什么要求。前些年为了儿子陪读，我们一家挤在学校附近的一个老房子里，为了不影响孩子学习，回家晚的他就在沙发上睡，6 年都是这样。”妻子陈军说。

“他对自己要求非常严格。没有外人、没有经营活动的时候，我们在一起就是一碗面条，我们都已经习惯了。企业有今天，不浪费、勤俭节约办企业是一个重要原因，这一点舒总给我们作出了表率。”在舒伟浩身边工作多年的中铁重工纪委副书记桂亚华说。

舒伟浩就是这样一个人，生活简简单单，没有什么太大的欲望，有时甚至有点不求个人的上进。他一生只做一件事，就是把中铁重工这个落后企业做起来，为职工和成千上万的农民工谋得更多福利，这是他的乐趣所在，也是人生价值所在。

七、后记

1968 年出生的舒伟浩今年已经 53 岁，他为什么还要像年轻人一样去拼？他的动力到底在哪里？

面对这个问题，舒伟浩的表情变得有些凝重。他缓缓地说：

“动力有很多，第一个可能是天性，重工对我确实不错，像李国鑫厂长等领导很器重我，职工也很喜欢我。我对这个地方有感情，主要也是职业道德、职业操守决定的。第二个我觉得能实现自我价值，在这里得到了尊重。第三，现在我们的收入也很不错了。”

在很多职工的眼里，舒伟浩是一个英雄人物，不仅改变了中铁重工的命运，也改变了他们每个人的命运。他们不光是尊重他，甚至崇拜他。这些，都源于他这些年脚踏实地、实实在在做出来的事情、干出来的成绩。除了这些明眼都能看得到的外在的东西外，跟他身上的一些特质也不无关系。比如，他雷厉风行；比如，他意志坚定；比如，他含辛茹苦。一个处于困境之中的企业自然需要一个强人来领着前进，舒伟浩正是那个人。

一般人不太能理解舒伟浩的含辛茹苦，这实在远远超过了一家国有企业负责人惯常给人带来的印象。半夜跑去酒店敲一个科长房间的门，谁能想到这是一家产值达 10 多亿元的国有企业的总经理会做的事情？对此，舒伟浩这样解释：

“我觉得是服务意识，定位决定你的角色分配，得拉得下面子。

我也不感觉很委屈，因为我是为了企业，不是为了个人去求业主求客户，我们过去最穷的时候是这样，下一步还要继续，要向所有的人强调服务意识，让每一个选择你的甲方和业主欣赏你、愿意接受你的服务，这是一个关键。再者就是责任和担当。为什么客户愿意相信我们呢？因为交给我们的活，重工会尽全力去做，守信，及时履约。重工是国有企业，在武汉这个市场，我们有最好的口碑。”

这段话，毫无疑问讲出了企业经营的精髓，也无疑是中铁重工这些年业务上突飞猛进的思想脉络所在。从这句话，也能理解为什么在中铁重工职工的眼里，舒伟浩成了英雄人物，有那么大的影响力和号召力。中铁重工已经打上了抹不去的“舒伟浩烙印”。

尽管取得了巨大的成绩，舒伟浩却没有任何就此止步的念头。他甚至未有丝毫松懈。他给自己定了明确的目标，就是要把中铁重工的产值做到他设想中的那个数字。

他雄心勃勃地说：“企业还是在爬坡过坎，只能前行，不能后退。我们要用 3 年左右的时间，坚持‘一体两翼’发展战略，注重企业的高质量发展，把企业的体量迅速做大，奠定中铁重工未来 10 年的生存和发展基础。”

这就是舒伟浩，一个眼里只有工作的人；一个接待客户很大方、不接待客户可以只吃一碗面的人；一个为了企业发展可以把脸面和命都豁出去的人。他是一个朴实的、没有架子的人；他是一个一看就觉得极其靠谱的人。他没有无聊的花架子，只有老老实实做事情的可贵品质。他把自己的一生跟一家企业牢牢绑在一起。他是新时代的奋斗者，他是铁路建设国有企业经营战线的“铁牛”。

第三篇　匠心逐梦　『敬』善『敬』美

——中铁九桥女电焊工、『廉敬』典型王中美

第三篇　匠心逐梦　“敬”善“敬”美

——中铁九桥女电焊工、“廉敬”典型王中美

一张和习近平总书记、李克强总理的近距离合影，定格了她的高光时刻。

2021 年 6 月 29 日，习近平总书记等中央领导人在北京人民大会堂接见全国“两优一先”代表，她是被接见的基层代表之一。

她的成长故事，被全国各大媒体纷纷报道、迅速传播。这张合影照刷爆业内的朋友圈，赢得点赞一片……

12 岁那年，她就怀揣着“彩虹卧波”的梦想。

20 岁那年，她女承父业，接过父亲手中的焊枪，成了扎堆在男性里的一名女焊工。

34 岁那年，在中国桥梁建设史上第三座里程碑——九江长江大桥上，她谱写了“一座桥、两代人”的传奇。

20 年的风雨兼程，20 年的初心坚守。一条条大江大河，一座座崇山峻岭，一道道大桥飞架。

梦圆时刻，年届不惑，却已华丽蜕变成“大国工匠”。

她，就是党的十九大代表、全国优秀共产党员、全国劳动模范、中铁工业旗下中铁九桥工程有限公司首席电焊工——王中美。

荣誉证书
全国劳动模范

一、无悔青春

九江，长江中游一座因水而生的城市，因江河湖泊水网众多，有“东方威尼斯”之称。有水便有桥，当地人对桥梁有天然的好感。当地造桥的企业众多，在造桥工业快速发展的大背景下，也孕育了一大批优秀的桥梁建设者。

在中铁九桥，涌现了一批又一批的电焊技术人才。中铁九桥三任女子电焊突击队队长个个都是了不起的技术能手：前任是王中美的师傅，为“全国火车头奖章”获得者；后任是王中美的徒弟，为“江西省劳模”“赣鄱工匠”。

王中美的父亲王全亮，是九江长江大桥建设的第一代电焊工。那是 1973 年的事，他这一干就是一辈子。

1981 年，王中美出生了。

2001 年，女儿跟他一样，拿起了焊枪。

只是王全亮做梦也没有想到，20 年后，女儿王中美会成为闻名全国的“巾帼焊将”、行业王者。

2001 年 7 月，20 岁的王中美从武汉铁路桥梁技工学校毕业后，放弃了当“车间空姐”——桁车司机的工作机会，来到中铁九桥，成为一名建桥工人，准确地说，是一名电焊工。

于是，弧光闪烁中，身穿工作服，头戴安全帽，一手持电焊面罩，一手持焊枪，僵立的持枪姿势、焊接时的熏烤、飞溅的火花、弥漫的粉尘、呛人的气味、酷暑时箱体内闷热的环境、冬季户外刺骨的寒冷……这样又苦、又脏、又累，连男人都觉得“不体面”、尽量都躲的差事，她却乐此不疲。

关于电焊工，坊间有这样的段子：

“敲敲打打是钳工，不要脸的是焊工！（弧光炙伤易导致脸部脱皮）焊工手里有团火，四季炙烤无法躲。远看像要饭的，近看像逃难的，仔细一看是烧焊的。”

而对女电焊工而言，她们更是这支队伍中的“另类”。要成为一名优秀的电焊工，仅仅能吃苦是远远不够的，还要有顶住世俗压力的勇气，以及对事业执着的爱。

哪个女性特别是花季女孩，不想穿着时髦的服装、化着漂亮的妆，坐在窗明几净的办公室上班？

可就是这样一份连男性都嫌苦的工作，今年 40 岁的王中美一干就是 20 年。

这个中铁九桥中心试验室的电焊工，是非典型的南方女性。她与身材娇小、皮肤白皙、声音玲珑、谈吐扭捏的“小家碧玉”无缘。她那方正、大气、麻利、洒脱的气质，更像个热心的邻家大姐。在国内 17 座跨长江、11 座跨黄河桥梁的建设工地上，在香港至深圳西部通道的后海湾大桥建设工地上，在一带一路“梦想之桥”孟加拉国帕德玛大桥钢管桩制造工地上……都活跃着她奋斗的身影。

二、焊花执念

站在大桥上看风景，别忘了，大桥本身就是一道风景。

近年来我国桥梁建设事业快速发展，高速公路多了、高铁多了，桥梁也多了。全国公路桥、铁路桥超过 100 万座，是世界第一桥梁大国。

外行看热闹，内行看门道。如今的桥更漂亮了，桥身越来越长、桥面越来越宽，桥墩反而更稀少了——跨度更大了？哦！是的，那是钢结构桥！

钢结构桥广泛推广运用，对钢梁焊接的技术要求也更高了。桥风景的背后，有电焊工人的艰辛付出。

王中美从事电焊工作的 20 年，是学习的 20 年，也是探索的 20 年，更是创新的 20 年。因每座桥梁设计方案不同，使用的钢材不同，桥梁的焊接方法也不同。她相继参加武汉天兴洲长江大桥、南京大胜关长江大桥、孟加拉国帕德玛大桥、沪苏通长江大桥、五峰山长江大桥等 50 多座世界一流桥梁的焊接和前期桥梁试验任务，先后取得了 10 多项创新成果；参建的重点工程分别获得“国家优质工程奖”“中国建设工程鲁班奖”，以及“全国优秀焊接工程一等奖”等一系列大奖。

每当看到自己亲手焊接的钢梁横跨在祖国的江河湖海、崇山峻岭，看到桥梁建设为交通提速提效时，王中美便会体会到自己职业的价值所在，一种成就感和自豪感油然而生。

王中美当初学的是桥梁专业，原本可以选择一份舒适体面的工作，她为何最终却选择了电焊这一行业？

“耳濡目染吧！小时候，我父亲在家里经常讲电焊方面的事。父亲是个有名的电焊工，技术很好，大家非常敬重他。我有时去父亲公司玩，看着绚丽的焊花像烟花一样在父亲手中绽放，觉得蛮有意思的。”说起为什么选择这个职业时，王中美坦言，父亲对她的影响很大。

“那时我和母亲住在湖北省黄梅县的小池镇，父亲长期在工地。虽然仅一江之隔，但我们一年难得相聚几回。过长江只能坐渡船，不到 100 千米的路程，却要花一天时间。父亲偶尔回家也是来去匆匆，即便夏天，也总是穿着又厚又脏的衣服，很少有空陪我们。”后来，王中美得知，那段时间，父亲参建的九江长江大桥遇到了焊接难题，不得不减少回家的次数。

当时的王中美并不理解父亲的工作内容，还不知道什么是焊接。她只是在想：“父亲在建桥，桥通了，以后从小池到九江，是不是就不用坐轮渡了？是不是以后见父亲就不用花一天的时间了？”

实现梦想的这一天终于来了。1993 年 1 月 16 日，九江长江大桥建成通车。桥上三大钢拱，是九江长江大桥最显著的标志。

那天早上天还没亮，母亲就带她到通车典礼现场。那一年，她 12 岁。那天的经历，让王中美终生难忘。

整个桥面成了欢乐的海洋。大桥上人山人海，有好多大彩车，张贴了好多喜庆的横幅。人们拿着五彩斑斓的绸带扎的花球，个个脸上洋溢着笑容，比赶集还热闹。

王中美和母亲在桥上到处寻找父亲的身影。只见父亲站在桥边，使劲挥舞着手中的彩球，大声地呼喊着。王中美很奇怪，从没有见过父亲如此兴奋，情绪也不知不觉被父亲感染了。

父亲一手牵着她，一手拉着她母亲，特意走到钢拱架下，自豪地说：“你看，这是我参建的大桥！以后长江两岸人员来往交通更方便了……今后，我们国家还会建设更多更长的桥，跨江的、跨海的，我们公司、我，也能参建更多更漂亮的大桥了。”

望着父亲神采飞扬的样子，王中美忽然觉得父亲可以参建这么高大的桥，好伟大！当时她就想，自己以后长大了，也要像父亲一样建更多更大的桥，尤其是能参建父亲所说的跨海大桥。她想象着焊花在海面上绽放的画面，想象着横卧在海面的那一道道彩虹，那一定非常美。

从此，着工装、点焊花，便成了王中美的一份执念。8 年后，她如愿了。

源于那份“难以割舍”的“焊花”情结，她来到父亲工作的单位，接过父亲手中的焊枪，女承父业。

多年的愿望很丰满，眼前的现实却很骨感。在异常艰苦的工作环境下，与王中美同期进来干电焊的7名女工友受不了这个苦，都先后转行了。

“焊花飞溅看起来的确很美，但上手后才发现，这个工作和自己想象的完全不一样。”王中美说。

这不，第一次穿上厚实的工作服上班，就出问题了。在练习焊接的过程中，师傅一再叮嘱她：“不能盯着电焊弧光看，那样对眼睛伤害很大。”

王中美虽然对师傅点头称是，却在焊接的过程中忍不住好奇，拿开面罩多看了几眼电焊弧光。这一看不要紧，下班回家后，王中美觉得双眼一直疼痛发胀，接着眼睛渐渐肿成了一条缝，整个脸也开始脱皮。

“当时我吓坏了，心想要是毁容了怎么办？要不，还是别干这个算了？”她看着镜子中自己不堪的样子，瞬间产生了一丝动摇的想法，但转念一想：“就算转行，也要先把手上的事情做好，不战而退、半途而废，对不起自己多年来的梦想。”

电焊工并不是那么好干的。刚开始，王中美看到别人的焊缝光滑平整，像是工艺品，自己却怎么焊都是歪歪扭扭、疙疙瘩瘩，像条蠕动的毛毛虫。

父亲见状，便耐心地开导她：“既然选择做一件事，就要认真用心去做，从基本功练起。必须明白你不是在简单烧焊条，而是在捍卫一座大桥的‘生命’，是在为千千万万人的出行安全提供保障，马虎不得！”

为了不让父亲失望，尽快掌握焊接技术，要强的王中美开始跟在师傅后面勤学苦练，仔细观察师傅施焊的站位、角度、手法等细节，对各种板厚不一、坡口不同的工件施焊，如何调节电压、电流一一牢记在心。苦练焊接基本功，尤其是技术难度大的角焊缝、立焊、仰焊等，她反复琢磨，认真记录，有时连晚上睡觉，梦见的都是师傅教她的一招一式。

“星光不负赶路人，时间不负有心人。”慢慢地，发现自己焊出的焊缝越来越均匀、成形越来越漂亮，她逐渐找到了工作的乐趣与自信。

“你姑娘是个好苗子。”

“干得这么好，转行可惜了。”

……

听到师傅们跟父亲说起自己，王中美心里掠过一丝喜悦，还有一丝成就感。小时候对焊花的那份执念，成为她坚持干下去的动力。转行的念头，从此消失得无影无踪，而她真正的“苦行僧生活”也就这样开始了。

长期在火花四溅的环境中工作，烫伤对焊工来说是家常便饭，王中美的身上也有着大大小小的伤痕。

所谓焊花，就是熔化的铁水。焊接时，刚溅出的焊花瞬间温度达1000多摄氏度，常常会穿透厚厚的工作服，防不胜防。

有一次，焊花点燃工作服的毛边后，连里面的毛衣都烧出个大洞，烫到了皮肤才发现。这种尴尬事时有发生，至于平日里在施工过程中，同事之间互相发现并拍灭对方衣服上的火苗，那简直不算个事。

工作的环境中充斥着粉尘、火花，这让王中美的皮肤比同龄的女孩子显得粗糙许多。“都不敢化妆，因为皮肤太干了，参加节目化妆时都比别人难上妆。不过我皮肤黑，藏得住，有点粉尘也不显眼。”她常这样跟工友们自我解嘲。

“里面的衣服都只能穿棉料的，不敢穿化纤的。倘若飞溅的火花熔化了化纤面料，粘到皮肤上，那比火花直接接触皮肤还要痛几倍呢！”这样的感受都是经过多次体验的，所以她们被烫出经验来了。

那么焊工在冬天工作是不是会好过一点？事实上并没有什么改善。

“焊花是没有烤火效果的，户外焊接的时候，感受到的可是刺骨的寒冷。”王中美说。

有一年冬天，她在江边改造一个船体。

江南的气温虽然在零摄氏度以上，但却还是直逼骨子里的冷。江边的风吹到脸上，就像一把锐利的刀子在脸上“呜呼呜呼”地刮，冻得人直打战。

那天，王中美端着焊枪在寒风中连续工作了几个小时，手、脚、耳朵都冻得麻木了，渐渐失去知觉，手脚不听使唤了，差一点儿摔倒。幸亏同事眼尖，反应迅速，扶住了她，才避免了一起工伤事故。

支撑王中美一路走下去的，除了父亲的鼓励，还有师傅同事们的关心支持。

父亲是个话少、务实的人，他的鼓励方式有点特别。

为提高员工技能素质，激发劳动热情，中铁九桥经常开展劳动和技能竞赛。一次，王中美为了检验自己的焊接水平，想趁机观摩学习一下其他师傅的焊接手法和技术，也报名参加了焊工技能比武。没想到，结果她竟然得了个优秀奖。

下班回家的路上，王中美一路蹦跶，满脸洋溢着喜悦，脑子里不断涌现父亲知道这个消息后激动和夸奖她的画面。

一进家门，王中美兴奋得像一个小学生，拿着奖状冲到父亲面前：“爸，我在焊工比赛中得奖啦！”

然而，父亲的反应却异常淡定：“嗯，好！”转身就去泡茶了。

父亲的态度，让王中美以为父亲对自己取得的成绩不满意。为了得到父亲的认可，她更加努力地钻研焊接业务，学习焊接知识，踊跃参加中铁九桥和上级单位举办的各类比赛。

多年以后，王中美终于体会到了父爱的深沉。原来父亲的“良苦用心”是以另一种方式教导自己谦虚谨慎、戒骄戒躁，鼓励自己勇攀技术高峰。

学无止境啊！后来诸多的工作实践和挑战，验证了父亲的眼界和格局。

实践出真知。认真学，上手练，比空谈有用多了。

有一次，在中铁九桥参建的黄冈公铁两用长江大桥焊接任务中，王中美主动来到项目现场，跟随一位老师傅做焊板打磨处理工作。其间，王中美也想上手练练熔透焊操作，怯怯地跟老师傅表明自己的想法。

这是一项她尚未接触的焊接新技术。老师傅找来了一块试板给王中美练习，并教她熔透焊的知识、手法以及焊接时需要注意的一些事项。

机会难得，练！在练习高难度的熔透焊时，王中美几乎到了一种痴迷的状态。有时候焊花飞溅到手上，皮肤烫伤了，她都不想停下来，只是为了不破坏焊缝的美感，硬咬着牙忍着痛，继续焊。

经过一次又一次的摸索和试验，王中美试板焊接检测合格了。但是真正在大桥桥面系焊接时，王中美还是心存顾虑。

老师傅看出王中美的顾虑后，耐心鼓励她：“你放心，没事，正常发挥就好，相信自己，再说还有我们呢！”

老师傅的一番话给了王中美一颗“定心丸”。完成此次焊接任务挑战后，王中美的焊接技术水平更上一层楼。

兴趣是最好的老师，热忱是不竭的动力。

在工作中得到他人的诸多帮助，王中美打心底里非常感激。为了感谢师傅们的培养和照顾，王中美总是想多做点事，帮师傅们分担点任务，不辜负他们的期望。“师傅们这么照顾我，我可得争点儿气，用行动和业绩来报答他们。”

但是，在王中美的从业生涯中，也有“好心办坏事”的时候，她也有过深深的挫败感。

细节决定成败。有一次，师傅接了一个焊接任务，需要赶工时。看着其他同事都加了一天的班，王中美自告奋勇。热情满满的她焊了一个晚上，却把事情搞砸了。

“当时没有注意焊接顺序，第二天焊出来的工件全变形了。”王中美回忆说。

“那时我就下定决心，一定再多下功夫，苦练技术，不能再干拖后腿的事了。”从此，她对自己的要求更加严格了，技术长进更快了。在她看来，粗看大家焊的焊缝都差不多，但细看就会发现，有的人手法会粗犷一点，有的人会细腻一点，出来的纹路也不一样。“我觉得最漂亮的焊缝就是没有起伏。我希望我经手的焊缝，大家一看就知道是我王中美焊的。”

机会总是留给有准备的人。2005 年，中铁九桥在深山峡谷里参建全球最长悬索桥——湖北恩施四渡河大桥。在钢梁主桁杆件制造中，拉索吊耳焊接成为制约工程进度的难点。

焊接工位高且极为狭小、焊点多要反复转换身位、角接焊缝、板与板的间距只有200毫米、每个吊耳有8块板需熔透焊、板厚达40毫米，稍有不慎就难探伤过关……，多个经验丰富的班组老师傅、技术能手，都望而却步。

王中美站了出来：“我来试试！”

身材娇小、不恐高，是王中美高空焊接作业的先天优势。在老焊工们怀疑的目光中，她拎起焊枪，进入了焊接工位，全神贯注，沉着稳定，伸展自如，只见焊花飞溅……

经过两个多小时的连续作业，王中美终于完成了这项难度极高的焊接任务。下到地面时，工装被汗水浸透了，她累得几乎散了架。

一直全程关注王中美焊接的老焊工们，对王中美的胆识和艰辛付出感到震撼，大家满心期待着检测结果。

合格！经过专家检验，由王中美焊接的30多组高熔透焊缝均一次性合格，并受到中铁九桥领导和驻厂监理的高度赞扬。

一战成名！打那以后，许多老焊工遇到难题，都会跑来向王中美请教，王中美成了让大家心服口服的技术能手，很多较难的焊接任务都交由她来完成。

“一份工作，刚开始选择它的时候，可能是它在考验你。而当你真正深入了解它，并最终能控制它的时候，会很有成就感。”王中美说。

在挑战中成长。年纪轻轻的王中美，已成为中铁九桥的技术骨干。

时光流转，机缘巧合。

在九江长江大桥通车22年后的2015年，中铁九桥再次成功中标九江长江大桥加固改造工程。此时的王中美已是一名业务能手。父亲造桥、女儿修桥，父女俩以这种特殊的方式，与这座大桥再续前缘。

2019 年，九江长江大桥恢复通车，于是便有了“一座桥、两代人”的传奇故事。王中美也终于亲身体会到了父亲当年大桥通车时的兴奋与自豪。

三、创新攻关

2014 年 5 月 10 日，习近平总书记视察中铁工业旗下中铁装备时提出“中国制造向中国创造转变、中国速度向中国质量转变、中国产品向中国品牌转变”的重要指示。

“创新是一个民族进步的灵魂，是一个国家兴旺发达的不竭动力，也是一个政党永葆生机的源泉。”对一个企业，创新在高质量发展中同样发挥着极其重要的作用。王中美正是身体力行、争当习总书记“三个转变”重要指示精神的排头兵，不断推动着企业的创新创效创品牌。

一次次比赛、一次次锤炼，王中美的焊接技术水平也越来越高，中铁九桥许多重点难点项目的攻关课题都派她上。

相马不如赛马。2004 年，中铁九桥承接港深西部通道后海湾大桥钢箱梁的制造任务。该桥设计及监理均为英国奥雅纳公司，钢箱梁材质采用英国 BSEN10113 标准，制造采用英国 BS5400 标准和香港规范，对焊接的要求相当严苛，规定所有参与焊接施工的工人，必须先通过外籍监理和业主代表组织的焊接考试。

在师傅的支持下，王中美报名了。她立即对大桥所涉及的焊接工艺仔细研究琢磨，遇到不懂的地方就向师傅和身边的老同事请教。

23 岁的姑娘，别人都沉浸在甜蜜的爱情里，她却在那里琢磨着焊接工艺；别人都下班了，她还在那里挥汗如雨，反复操练。

当时，王中美和另一班组的一位男工友同为候选人。那位男工友觉得王中美是个女孩，学电焊的时间又没自己长，信心满满自觉能在业务比武中把王中美 PK 掉。

公布的结果出乎意料。在专业技术人员的现场监考下，王中美以焊接细腻、有创意而胜出。

王中美被选中参与港深西部通道后海湾大桥钢箱梁的施焊作业后，在这种严格的英国标准和香港规范下，善于总结和积累经验的她，对世界有关电焊标准和技术水平有了更深的了解和掌握。在项目结束时，她可谓“满载而归”。这次出征锻炼，让她的焊接水平完成了一次质的飞跃。

“学而不思则罔，思而不学则殆。”创新是进步的源泉，王中美就是一个爱钻研、爱“折腾”的人。

在电焊岗位二十载时光里，她敢于突破固有经验和传统，对焊接技法和焊接工艺进行大胆探索，大胆创新，带领团队通过优化参数、改进工序、创新工艺，先后取得新型钢种焊接技术攻关、重型大节段钢桁梁制造及总拼技术研究、海上接桩横位自动化焊接专项工艺等创新成果 17 项、技术攻关 27 项，多项工艺填补国内空白。她参建的重点工程相继获“国家优质工程奖”“中国建设工程鲁班奖”，以及 9 项“全国优秀焊接工程一等奖”等众多大奖；她参与研制的架桥机、提梁机、铺轨机等一批世界级施工“神器”，为我国屡次夺得国际桥梁界的“诺贝尔奖”奠定了基础，为推动我国从桥梁建设大国向世界建桥强国加速迈进贡献了一份力量。

2009 年，王中美参与武汉天兴洲长江大桥压重区横梁肋板熔透焊。按照当时传统的双面坡口工艺，焊后变形很大，工序繁杂，工效

不高。为此，王中美大胆地找到监理方：“许多焊接点位于‘犄角旮旯’，焊工要么进不去，要么进去了伸展不开手脚，难以焊好，有的调校根本无法达到验收标准。”

监理方到焊接现场查看后，证实了王中美的说法，于是和她商量：“能否再研究一下，找出一套好办法？”——皮球又踢回来了。

王中美只好反复研究、试验，不断优化。最终，她摸索出一套新焊法：将厚度为 16 ～ 28 毫米的钢板的熔透焊接，由传统的开双面坡口焊接工法，改为开单面坡口焊接工法。

新焊接工法，工序简单易学，有效地控制了杆件变形，减少了钢板重复翻身开坡口的次数，工效提高了 50%。此后，这种工法在中铁九桥承接的宜宾港 1000 吨多功能起重机、鹅公岩 CQ-450 型桅杆式桥面起重机、商合杭芜湖长江大桥 DWQ-800 桅杆式桥面起重机等众多项目中得以应用，产生了巨大的经济效益。

该焊法后被命名为“王中美焊接工法”，并推广应用。

所谓“一招鲜，吃遍天！”这是不是该算一例？

攻克技术难题过程中，王中美一路过关斩将。在中铁九桥领导的大力支持下，王中美先后参与了当时世界上最大跨度的公铁两用桥——武汉天兴洲长江大桥、中国桥梁第五座里程碑——南京大胜关长江大桥和世界首座跨度超千米的公铁两用斜拉桥——沪苏通长江大桥的焊接技术攻关，扫清了三代高强度高性能桥梁钢焊接技术障碍，为材料性能研究提供了焊接技术支撑。

在沪苏通长江大桥前期的焊接试验中，有一项疲劳焊接试验，试验结果的好坏直接关系到正式施工时同条件的焊缝焊接能否达到预定的结构受力要求。

“迎着困难上，顶着风雨走。”为了保证试验成功，王中美多次召集工班成员将“诸葛亮会”开起来，一起讨论，试图研究出一种新的高效焊接方法。

前期的试板焊接试验时间要求非常短，每批次需要 120 块疲劳试件来做试验，拼装和焊接工作量非常大，工序繁多，而且试板又厚又大，靠人力很难做到，必须借助机械才能完成，这些问题严重制约了这个产品试板的制造速度和精度。

如何保质保量并如期完成任务？

王中美和工友们一起针对存在的问题，一遍试验不行就两遍，两遍不行就三遍……反复请教老师傅，大量查阅中外焊接前沿资料。

王中美的同事说：“她那段时间加班加点，天天都在琢磨这件事，甚至有些神经兮兮的。”

有付出终会有收获。一套行之有效的方案出台了。原来，王中美集思广益，改变了传统的拼一块焊接一块的方法，充分利用场地和吊装机械的优势，直接将试板单块拼装改为十块拼装。

这种焊接方法，在大量减少焊接试板两端引弧板安装工序的同时，又大大减少了焊接试板翻面的工作量，缩短了大量的待工时间，工作效率明显提高。

为保证万无一失，王中美在焊接过程中，对每一块焊接试板的电流大小、电压大小、焊接速度和方向严格把关，终于在规定的期限内保质保量地完成了工作任务。

一次施工，攻克一组难题，那是别样的精彩！

每座桥梁因设计要求不同，使用的钢材也不尽相同。每一次遇到新的材料，王中美和她的同事们就必须面临一次焊接工艺参数的调整，施工前必须组织一场分析会，开展新的一轮试验。

在现场焊接过程中，因大桥 Q500qE 高强度桥梁钢在钢梁领域首次采用，最大板厚达 60 毫米，焊接难度非常大，对环境要求非常高，这对电焊工而言又是一个巨大的挑战和考验。

王中美发现 Q500qE 级高强度钢焊接性能较差，在冬季低温环境下施工经常产生热裂纹，极大地影响焊缝质量。这个问题让她陷入了深深的思索。

每天晚上，王中美都在台灯下，查阅焊接资料，笔记做了一页又一页。

项目现场，王中美一次又一次地做试验，不断优化焊接工艺参数，确定预热温度。最终，她们采取焊前预热、焊时减少热输入、焊后石棉被保温，多层多道、窄焊道薄焊层等焊接方法，终于解决了焊缝裂纹和焊缝热影响区韧性冲击功不达标的问题，攻克了 Q500qE 钢材的焊接技术难关。

不要小看这次工艺流程的调整，它远远超出了为公司完成一次施工任务创造效益的这个层面。这套实战工艺流程，为推动我国铁路桥梁新钢种从 Q370qE 到 Q420qE 再到 Q500qE 的三大跨越作出了重要贡献。

“一山放过一山拦。”大桥钢梁采用大节段钢桁梁制造、整节段钢桁梁滚装下水的制运方案，这是摆在王中美团队面前的又一道难题。面对长 28 米、宽 35 米、高 20 米，重达 1800 吨全焊整节段钢桁梁这个“庞然大物”，王中美团队又开启了攻坚之旅。

她们对比通过焊接有限元模拟，摸索出预留焊接收缩余量、安排合理的焊接顺序等措施，使焊接质量和几何精度得到了有效控制。这套工艺，解决了中国中铁重大科研课题——“重型大节段钢桁梁制造及总拼技术研究”中的焊接核心技术问题，扫除了大桥钢桁梁制造、总拼的“拦路虎”。在科研技术上，她又“攻陷一城”。

踏歌而行，道阻且长。王中美参与的焊接技术攻关，太多了。

——“一带一路”重点项目孟加拉国帕德玛大桥水上管桩的现场定位及快速对接施焊的技术研究。中铁九桥承接大桥 14 万余吨钢管桩制造工程。该钢管桩直径 3 米、长 120 米、板厚达 60 毫米，又长又宽又笨重，项目焊接工程量巨大，焊缝质量等级均为 I 级熔透的高要求。王中美和工友们不断研究水上接桩的焊接工艺性试验、横位埋弧自动焊试验，反复调整、优化坡口形状、坡口尺寸、焊接材料、工艺参数等，最终解决了水上管桩的现场定位及快速对接施焊的技术难题。创新的海上接桩横位自动化焊接专项工艺，填补了国内空白，为优质、高效完成孟加拉国帕德玛大桥钢管桩制造任务提供了强大的技术支撑。

——川藏铁路拼装式耐候钢关键技术研究。由于川藏线位于高原高寒地区，环境恶劣，风沙侵蚀严重，施工难度大，维修养护难度也极大。为此，川藏线上拟大量采用500MPa强度级别耐候钢，以减少后期的防护保养成本。为检验这种耐候钢能否成功在川藏线上运用，王中美团队对耐候钢焊接材料、焊前预热、层间温度控制及焊接工艺参数进行无数次研究试验，不断优化各种数据，终于得到各项力学性能指标与耐候性能均良好的焊接接头，成功推动了500MPa强度级别耐候钢在川藏线上的应用。

——系列强度大热输入高效易焊桥梁钢的开发及应用研究等诸多大项目的科研攻关。王中美带领团队积极创新研究系列强度大热输入高效易焊桥梁钢的开发及应用，解决了大线能量焊接热影响区会出现晶粒粗化降低韧性的难题，为国内大热输入高效易焊桥梁钢的发展作出了先行的技术准备。

四、匠心礼赞

年龄尚处青涩，技术已臻成熟。

2006年，因技术本领过硬，王中美成了工班长，这时的她年仅25岁。

工班长不是那么好当的，最好是年龄大、工龄长、技术好、人缘好、家务负担轻、有管理岗位的经历……

分管生产的副厂长找到她：“中美啊，你师傅赵文芳的孩子上初中了，家里公婆年纪大了身体也不好，她没那么多精力带班，你年纪轻，多担当点。经过厂领导决定，由你来担任班长一职。”

“我？不行不行！从小学到技校毕业，我从未当过班干，完全没有带队伍的潜质。再说，我这才参加工作 5 年不到，袁师傅、李师傅她们都工作十几年了，技术过硬，能听我安排？我儿子才 2 岁多，我要是当班长了，起早贪黑的整天不着家，婆婆会不高兴的……”

“好好干，我们都看好你。”

组织的决定，已经无法改变，王中美只好硬着头皮上啊！

为提高班组管理水平，首先她根据繁忙的生产任务和工班人员构成情况，分别与工班人员交心谈心，和大家打成一片，认真听取工友的意见和建议，与大家平等相处。为了提升工班和协作队伍的整体焊接水平，她又为他们讲解和指导焊接重难点工艺，现场示范操作，对一些协作队伍焊工手把手进行指导。接着她将工班人员与焊接班次进行合理搭配，提高工作效率，制定完善工班考勤、奖金分配等制度。

“凡有高难度熔透焊、角缝焊和对接环缝焊，她都主动承担，哪里施焊难度大，哪里就有她奋斗的身影，可是每个月的奖金却比别人拿得少。干起活来特实在，啥事都冲在前面。师傅这股干劲上来了，谁还会有偷懒的念头？”王中美的徒弟刘青，已经跟她干了 17 个年头，现在也是全国知名的“大国工匠”。说起师傅工作的那股子劲，她一脸的骄傲。

渐渐地，受到她的感染，在遇到工位窄、难度大的任务，工班里经验丰富的师傅都会主动冲在前面；遇到力所能及的工作，经验稍浅的焊工也积极主动承担。整个工班成了一个互帮互助、其乐融融的大家庭。

在王中美的带领下，工班屡次在桥梁施焊攻坚中大显身手，先后承担了铜陵桥工厂大拼、重庆鼎山长江大桥弦杆焊接、上饶五桂桥主塔拉索紧固板焊接、800 吨重件码头扩能改造格构柱和天车梁安装等多个急难险重项目，克服了全熔透焊缝多、焊接工艺复杂、施焊工位差、任务工期紧和天气场地等诸多不利因素影响，毫无怨言，圆满完成了任务，赢得中铁九桥上下一片赞誉。

因表现突出，王中美在 2007 年如愿以偿光荣加入了中国共产党。在后来工作中，王中美又以一名党员的使命感和责任感，更加严格地要求自己。

闲下来，她和身边的同伴们也开玩笑吐槽：“唉，下辈子咱们再也不做这行了！”

“谁信你？要是任务来的时候，保证你还是第一个抢着上。”大家哄堂大笑。

为了出色完成任务，王中美表现出来的完全是“拼命三郎”的作风，自己能干的自己必须干，自己不能干的也要咬着牙干。

2010 年，中铁九桥承接了 3.6 万吨新建合肥至福州铁路铜陵长江大桥钢梁制造任务，该项目任务重、工期紧，对焊接要求特别高，急需驰援。

王中美得知后，主动请缨，带领 6 名女子电焊突击队成员从九江紧急赶赴铜陵工地。

时值盛夏，骄阳炙烤着大地，没有一丝风。人们在不干活时都觉得暑热难耐，而王中美却要戴着口罩站在工位窄、难度大、密闭的箱体里进行焊接作业。

“里面有六七十度，又闷又热，待上几分钟，浑身就全湿透了，像刚从水里捞出来一样。当铁水掉进鞋子里，因为正在焊接，手脚又不能乱动，在铁水接触皮肤的那一刻，我能感觉到脸都抽搐了，任由铁水溅到哪里就烫到哪里，现在想起来都感觉钻心地痛啊！”王中美微微地一笑，“不过，我们都习以为常了，电焊工身上都有疤。”她挽起衣袖露出小臂，几块钱币大小的烙印，像手术后的疤痕，格外刺眼。

然而，就在这样一个酷热的“蒸笼”内，王中美常常一干就是10多个小时，而且专挑难的、险的施焊部位，稍好一点的施焊部位都安排给工友完成。

为了避开白天下午的高温，她们只好调整作息时间，每天晚上6点干到次日早上6点。除施工点以外，周围都是黑乎乎的，上厕所最为尴尬。每当这个时候，只好让个女伴“站岗”，在工地上就地解决。为减少方便次数，大家只好尽量少喝水。但是，饮水不足又容易脱水中暑。

有一次为了抢工期，在连续加了一个星期晚班之后，王中美从最后一个箱体走出来时就什么都不记得了，直接晕倒在现场。

“当时就听到‘嘭’的一声，我们回头一看，发现她已经摔下来倒在桥面上了，当时把我们吓坏了。”王中美的同事说，“领导见状，强制要她休息几天。”

“姐，你的离开可能影响了整个工班的情绪，出活量特别低，会不会耽误工期？”她在工地宿舍只休息了一天，就有同事就打电话告诉她工地的情况。

“大姐大”一听，又要拼命了。

“我是女子电焊突击队队长，我的离开会影响团队的士气，这样下去会耽误工期。不行，我得回工地！”这是她的第一反应。就这样，还未恢复体力的她，又重新投入紧张的工作中去了。

一个月后，工程项目如期完工，并全部一次性验收合格。

消息传来，王中美和工友们自费小聚一餐，大家共同击掌：“耶！”

2018 年 11 月，铜陵长江大桥获 2018 年度“全国优秀焊接工程一等奖”。

这就是一名共产党员的担当、觉悟和表率。哪里有需要就出现在哪里，哪里有困难就战斗在哪里。

为什么王中美能 20 年如一日，无论条件多么艰苦，都没有抱怨？

“因为喜爱，才能拿出豁出去的劲头。做任何事光凭一时的热情是不够的，还要有发自肺腑的热爱。”这是王中美时常挂在嘴边的话。

每天近 25 千克焊丝盘、每年使用近千千克焊丝；在温度超过 50℃的密闭钢箱梁里连续作业，衣服湿了又干，干了又湿，就这么一天又一天、一年又一年……对这份工作没有发自内心的爱，谁能坚持？

“做这个有时候也会让人着迷的。比如接到一个新任务，我就想研究，能用什么办法焊得更美观，焊缝怎样才能更整齐。”王中美说。

就是凭着这份执着，“大姐大”成了“免检王”。

经她手焊接的焊缝，产品一次性探伤合格率达到 99% 以上，监理一眼就能分辨出来哪些是她焊接的产品，并一路“绿灯”，连驻厂代表、监理都开始亲切地称她“免检王”。

这个称号，不仅仅是因为她姓“王”，更是对她焊接的产品质量的肯定，也是对她坚守焊工岗位 20 年初心不改的最高礼赞，是“千‘丝’万‘缝’”焊就了“免检王”之桂冠。

“在焊缝探伤的时候，她的焊缝基本就是‘一级无缺陷’。对我们焊工来讲，这就是最高境界。”这是她的师傅赵文芳对她的评价。

“她焊出来的焊缝跟鱼鳞的形状一样，特别美。她调出来的电流电压，声音特别悦耳，像音乐一样。”这是她的徒弟刘青对她的肯定。

“我最服她的技术，尤其是熔透焊！焊接成品就是免检产品。”这是驻厂代表、监理眼中的王中美。

……

2015年，中铁九桥创立了“王中美劳模创新工作室”。

6年来，王中美以这个工作室为平台，现身说法，不断发扬“劳模精神”“工匠精神”，发挥劳模、先进的示范引领作用，利用自己在钢梁焊接领域的专长，围绕施工现场技术难点和热点，带领工友们相继开展30多项材质试验和焊接攻关任务，开展面向一线员工的技能培训、考试等活动3600多人次，积极推动“劳模创新工作室”技术创新、人才培养和科研推广，取得“一种复合焊缝超声波DAC曲线制作的调节试块”“一种用于复合焊缝对比的试块”等实用新型专利。如今，在王中美劳模创新工作室，已成功举办两届九江市电焊工考试取证工作、九江市第一届“才汇九江”电焊工技能大赛，内部组织开展特种设备焊工考前培训、中国船级社焊工资格培训、中铁九桥第一届钢结构无损检验检测岗位练兵比武、孟加拉国帕德玛大桥现场焊工岗前培训考核等。

2019年，王中美劳模创新工作室获“江西省劳模创新工作室”“中国中铁劳模创新工作室”“中国中铁技能大师工作室”等称号。

五、团队传承

工作是一种修行，将毕生事业奉献给一门手艺、一项事业、一种信仰，这个世界上有多少人可以做到呢？如果能做到，又需要一种什么精神支撑呢?

“一花独放不是春，百花齐放春满园。”传、帮、带一直是中铁九桥的优良传统，通过“导师带徒”活动，使企业精神和工作经验一代代地传承和发展。

参加工作不久，王中美在职业生涯中遇到了人生第一位师傅赵文芳。赵师傅获得过“全国火车头奖章”，当选为“江西省劳动模范”，是中铁九桥“女子电焊突击队”的第一代引路人。

“我的职业选择除了父亲对我的影响，赵师傅和工班里的老师傅们也起到了关键的作用。”王中美介绍爱上自己的工作的缘由时，语气中带着一种感激。

刚做电焊不久，王中美看到这个工种又脏又累，也想过退缩和转行，但是师傅告诉她：“别看我们的工作平凡枯燥，但我们的工作态度和操作水平，会直接影响到桥梁的安全和寿命。我们焊接的可是世界一流的桥梁，影响着将来千家万户的生活。”师傅的这番话和父亲曾经的教导，使王中美渐渐意识到焊接工作的重要性。

从那时起，她开始苦练熔透焊接手法，钻研焊接技术，力求将每条焊缝焊到极致。遇到有些桥梁构件的内部空间狭小、男同事施展不开的时候，她就会主动请战。

“这丫头大气、踏实。她的成功并非偶然，既凝结了个人努力，还有这个时代所赋予的机遇。现在，国家大力弘扬工匠精神，让产业工人共享人生出彩的机会。这在以前，是我们不敢想的。”赵文芳谈起自己的得意弟子王中美时很是欣慰。

“感恩这个劳动光荣、创造伟大的好时代，让我赶上了我国桥梁建设大跨越、大发展的好机遇，实现了成为‘大国工匠’的梦想。烧好电焊，不仅是秉承前辈实干、专注的匠心精神，更是对产业工人牢记时代使命最好的应答。”王中美也常常这么感叹。

王中美接过“女子电焊突击队”领头人的接力棒是在2013年。

虽然队员大多是女儿身，却撑起了桥梁焊接任务的“半边天”。说起这支队伍，大家无不竖起大拇指。

近10年来，“中铁九桥女子电焊突击队”这个有着光荣传统的战斗集体，坚持发扬“特别能吃苦、特别能战斗、特别能奉献、特别能作为”的“四特”精神，先后出现在一座座国内外知名桥梁的建设中，累计完成焊缝长度近60万米。

王中美对工作质量的要求近乎苛刻，不仅要求自己焊接的成品全部合格，还严格要求女子电焊突击队队员完成的产品一次性探伤合格率达到99%以上，要让团队焊接的成品成为驻厂代表、监理眼中的“免检产品”。

南京大胜关长江大桥整体节点钢梁焊接，按照工程计划必须一个月内完成。盛夏、工位空间狭小、箱体底板温度超过60℃，且焊缝中途不能停止，否则会引起箱梁的整体变形。王中美带领女子电焊突击队员们工作时汗如泉涌，衣服没有一寸是干的，双脚烫得受不了，却没有一个退缩的。甚至还有人打趣：“谁家在烤猪蹄，都闻到肉香了。”工地上仍笑声不断。

此时的王中美心疼自己的姐妹啊，她默默地捡来木板给大家垫在脚下隔开发烫的钢板，同时鼓励队员们一定要一鼓作气把焊缝完成。就是在这样的环境下，大家硬是坚持下来了，保证了工期进度，保证了焊接质量。

女同志体能方面比男同志差一些，常常要背着几十斤重的机头到施工现场。十几年前，那时候工地没有集中供气，气体用完了得她们自己换，但是几十斤重的钢气瓶怎么也搬不动。她们不甘示弱，把钢气瓶放在地上推着往前滚，要是碰到阻力还是要抬起来，一不小心还容易砸伤脚。

王中美的脚趾甲就是这样砸变形的，到现在夏天她都不敢穿裸露脚趾的凉鞋。

面对困难，她自信地说：“我们女同志的优势是体格小些，在较小箱体里施焊的时候，比男同志更灵活、更细心，耐力也更好，焊缝成形美观，质量稳定。经过多年的磨炼，现在几十斤的焊材，我们这些女将照样能扛。从某种意义上讲，我们‘进化’得比男同志更适合这一项工作。”

现在，女子电焊突击队个个都是焊接能手，每个人都能独当一面。可是刚参加工作时，她们感觉女电焊工整天爬高下低钻箱体、衣服污渍、满身臭汗，很没面子，都不太愿意跟别人说自己是干这一行的。

自信源于社会的认同。几年过去，“女子电焊突击队”已经成为中铁九桥最能啃硬骨头的“尖刀连”，先后荣获“全国五一巾帼标兵岗”“全国三八红旗集体”“中国中铁十大杰出标兵岗”等称号。

“我是一名桥梁电焊工！”现在，她们都自信了，大胆地介绍自己，对自己的职业有了一种深深的自豪感。

谁说女子不如男？这群女子就能顶起整片天！

一系列荣誉的获得，不仅仅是对王中美工作的肯定，更是一份责任。走出车间的王中美，又在思考着“大国工匠”的传承问题，想着怎样把多年积累的工作经验传承下去。

对于企业来说，青年职工的成长成才尤为重要。近年来，大批高校毕业生加入了中铁九桥。青年职工是企业发展的主力军，是企业的新鲜血液，也是推动企业高质量发展、长远发展的重要力量。但在新形势、新环境下，青年职工在岗位成才方面遭遇了一些发展瓶颈：一方面，青年职工从学校的“象牙塔”走向社会时间短，年龄较小，思想意识不够成熟，理想信念不够坚定，他们以“80后”“90后”为主，施工制造类企业工作又苦又累，缺乏吃苦耐劳的意志；另一方面，青年职工缺乏钻研业务知识的主观能动性以及自主创新的精神，现代应试教育使他们获得的理论知识与实践严重脱节。

针对这些问题，王中美把关心培养青年职工的成长作为自己工作的另一个重点。

2016年，董丽从技校毕业来到中铁九桥，加入了王中美的“女子电焊突击队”。在传授技艺的过程中，她发现董丽在电焊方面很有灵气，还肯下功夫钻研，属可造之才，难能可贵。正准备重点培养的时候，她却发现董丽心事重重，工作中打不起精神。

王中美主动找董丽交流，得知董丽遇到了家庭和外部的压力。母亲反对她干电焊工，说从事这份工作将来不好找对象，即便结了婚，将来跟着工程队天南地北跑，也无法照顾家庭。为了给女儿找个好工作，她母亲托关系想办法让她转行。董丽的闺蜜也在“泼冷水”，说现在各行各业发展都需要人，随便找份工作都比电焊工强。

“你自己是怎么想的呢？”王中美诚恳地问董丽的想法。董丽却支支吾吾，一副很纠结的样子。

了解到情况后，王中美耐心地开导她：“焊缝是桥梁的生命。我们不只是在烧电焊，而是在捍卫一座大桥的‘生命’。当你真正从内心喜欢上这份事业后，拿起焊枪就会产生一种快乐感。电焊工岗位虽平凡，也是能干出一番成就的。”

王中美的这番话使董丽终于打开了心结，最终坚定了自己的职业选择。在她的悉心指导下，仅参加工作3年的董丽，就先后在电焊工技能大赛中获得优异成绩。

诸如此类的例子还有很多。王中美就像一位循循善诱的心理疏导老师，为青年职工答疑解惑，指点迷津，帮助青年职工找准人生定位。

王中美常和年轻工人说起焊工工作环境的变迁优化、技术的升级，既是感叹，是欣慰，亦是引导年轻职工珍惜工作，勇于创新。

如今的电焊工，比20年前“幸福”多了！自己刚上班的时候，用的是手工焊，用焊条一人一天就只能焊接十几米焊缝，不仅特别累，效率还特别低。第二年，焊接技术提高了，使用二氧化碳气体保护焊，一天能焊接五六十米焊缝，效率虽然有所提高，人还是很辛苦。之前焊接任务大多是在室外进行的，一座大桥是由一根根杆件在施工现场拼装再焊接，露天作业还要看老天的脸色，雨天不行、雪天不行、温度低不行、湿度高了也不行，所以不仅速度慢，质量还得不到保证。现在，实行了钢梁整体制造，起重能力提升了，大吨位构件转运能力提升了，实行桥位安装架设，焊接工艺提升了，大幅度地解放了生产力。尤其是起重能力，由原来的30吨提升至现在的1800吨，甚至2000多吨，使得大量桥位高空作业转变为工厂低空作业，大量室外焊接转移至车间内焊接，不受室外高温、雨雪天气影响了，且质量也得到了保障，大大减少了现场焊接工作量。工厂制造、整节段拼装，也提高了桥梁架设的速度。这一切效率提升，便是科技发展带来的。

就拿六头双丝龙门焊机来说，只要点一下设备启动键，6杆焊枪同时作业，一台设备一天可以焊接近千米的焊缝。许多工厂有了智能化车间，大量使用机械臂、焊接机器人，通过电脑远程控制，一个人可以操作多台设备。以前需要人工换气瓶，现在集中供气后也不用再去辛苦搬气瓶了。

随着焊接材料、设备、工艺的进步，大量手工作业转变为机械化、自动化作业，不仅降低了工人的劳动强度，还大大提高了劳动效率。同时，工作环境也大大地得到改善，现在焊接材料更注重环保、低毒、低尘，工厂都安装了吸尘设备，车间的作业粉尘、烟气等得到了有效治理，大大改善了工人作业环境。中铁九桥对一线职工的身心健康也更加关注，降尘降噪，发放防护面罩、耳塞等劳动保护用品，每年定期体检及时调休，并请各方面的专家来授课，职工的业余生活更加丰富多彩，工作压力也得到有效释放。

她说，时代的进步为广大产业技术工人提供了广阔的舞台，我们每个人都应该爱岗敬业，珍惜每一个工作机会，否则像她这样普通的产业工人怎么能有发光出彩的机会？

她以身作则，言传身教，使得一批又一批徒弟的业务能力脱颖而出，多人成长为高级工、技师、高级技师、特级技师。

“师傅从来不怕脏、不怕累，任务紧时，她都是毫无怨言地加班，让同事少受累，自己多辛苦。这就是奉献精神，她对我影响很大。”在刘青看来，既然自己的师傅也是女性，焊接得那么漂亮，她能干自己也能干。

刘青参加工作第三年就在中铁九桥技能大赛中取得优异的成绩，并在中国中铁股份有限公司焊接技能大赛中荣获板对接单项第一名、个人第十名的好成绩，先后被授予“江西省劳模”“赣鄱工匠”“江西省三八红旗手”和“中国中铁技术能手”等荣誉称号，成为中铁九桥有名的“首席电焊工”。

专业专注、一丝不苟、孜孜不倦，这就是工匠精神，也是追求极致的精神。王中美认为，“工匠精神”“劳模精神”不是体现在某一个人身上就止步了，而是要传承，一个人再能干，个人的力量也是有限的，她希望把技术毫无保留地传给更多的人，通过传帮带，培养出一批技能人才和集体，培养更多的年轻人，同时也希望更多的人走进一线了解电焊，近距离感受中国制造的魅力。不惑之年的王中美，已经为传承团队“工匠精神”培养了几个梯队。

现在，王中美放心地把“女子电焊突击队”的队旗交到了刘青手中。

六、情怀仰望

生在红旗下、长在春风里的王中美，作为一名共产党员、一名党代表，时时刻刻不忘传承红色基因。

2018 年 8 月 16 日，王中美第一次来到山海关参加宣讲活动，参观百年山桥厂史馆，在中铁工业旗下中铁山桥青年园，向党的一大代表、山桥党组织创始人王尽美敬献花篮。

2021 年 6 月 8 日，时隔 3 年后，王中美再次来到山海关，参加中国中铁党委组织开展的党史学习教育实地践学暨专题读书班活动，她怀着崇敬的心情又为王尽美整理花篮缎带。

两次参观学习，对王中美的内心触动极大，心情久久不能平静：同为“中铁人”，王尽美先辈和自己的名字一字之差，时代相隔百年。王尽美是党的一大代表，自己是党的十九大代表，初心和使命一脉相承，在同一面党旗下宣誓，同怀工业报国之梦，在各自征程上努力奔跑，在不同时代为共同理想而不懈奋斗。

1918 年，20 岁的王尽美考入山东省立第一师范学校，其间积极投身五四爱国运动，被推举为山东学生联合会负责人之一，为半封建半殖民地的中国寻求前进的方向；2001 年，自己 20 岁时在中铁九桥参加工作，拿起焊枪，为建造更多更美的桥梁苦练焊接技艺。

1922 年，24 岁的王尽美来到中铁山桥建立了秦皇岛地区的第一个党组织，也是中央企业最早建立的党组织之一，给中铁山桥、中铁工业、中国中铁注入了红色基因，把红色的火种播撒在我国第一代制造钢桥和道岔工人心田；2005 年，自己 24 岁，在港深西部通道后海湾跨海大桥的建设中挥汗如雨，为交通强国建设贡献自己的力量。

1925 年，年仅 27 岁的王尽美，为了心中的梦想，为了民族光明的未来，为了人民幸福的生活，践行“尽善尽美唯解放”的初心，献出了自己年轻而宝贵的生命；自己 27 岁时，却有幸在安全、稳定、和平的生活环境和祖国日新月异的发展征程中，用劳动创造幸福，用奋斗点亮人生的梦想。

每每想到这一些，王中美就感到自己的责任重大，使命光荣，有什么理由不为党的事业奉献光和热呢?

“20 年青春，16 吨焊丝，年华悠悠如歌，焊花汇成星河。巧手裁缝山河，世界变得更美好，你却仍是平凡一个。别人说，你是在为她人作嫁衣，你说，不！我的焊枪，装点的是亿万人的幸福生活。”这是中铁工业党委在庆祝中国共产党成立 100 周年大会暨基层党建现场会上授予“廉敬”先进典型王中美的颁奖词。

作为工班长、队长，在奖金分配方面拥有支配权，但很多人可能不相信，技术好、干活多、专挑苦活难活干的王中美，在分配奖金报酬时，不仅公平透明，而且自己拿得却比工友们少。她认为，作为党员，这样做，更能够以德服人，更能够调动同事的工作热情，团队才更有战斗力。

王中美在一线电焊工作岗位20年，谦虚谨慎，尽职尽责、任劳任怨；对企业忠于职守、敬业奉公；对同事热心真诚，团结互助……她用实际行动完美诠释了“廉敬”之内涵。

2017年，王中美光荣当选为党的十九大代表，并于同年10月份出席了在北京举行的十九大盛会，现场聆听了习总书记的报告。

当她在报告中听到“建设知识型、技能型、创新型劳动者大军，弘扬劳模精神和工匠精神，营造劳动光荣的社会风尚和精益求精的敬业风气”时，十分激动。

2020年12月10日，习近平总书记致信祝贺首届全国职业技能大赛举办时强调：要大力弘扬劳模精神、劳动精神、工匠精神，培养更多高技能人才和大国工匠。党和国家这么尊重生产一线的技术人才，王中美倍感振奋。

“作为一名产业工人，能够为实现中华民族伟大复兴的中国梦贡献青春、智慧和力量，我深感骄傲和自豪！”王中美每次回忆当时的情景时，都是一脸的兴奋。

七、旗帜引领

王中美就像一面流动的旗帜，走到哪儿，正能量就传播到哪儿。

党的十九大报告提出，“加快建设制造强国，加快发展先进制造业”。

“作为新时期产业工人，能参与推动‘中国制造’向‘中国智造’的转变是时代赋予的光荣使命，我不仅要对每一道焊缝负责，而且要对我的每一位徒弟负责。未来我将继续发扬工匠精神，努力带动更多的桥梁焊工成为技能型、创新型的劳动者。”作为党的十九大代表，王中美深感自己要有更多的责任意识。

2020 年 3 月，她主动向中铁九桥提出建立“习近平新时代中国特色社会主义思想王中美学习小组”，发挥劳模、先进典型引领作用，推动习近平新时代中国特色社会主义思想走向基层。

王中美学习小组通过理论宣贯，凝心聚力，对内定期组织开展新思想、新要求等理论知识的学习，形势任务教育的宣贯和座谈，技能知识的指导；对外，王中美积极参加社团活动，走进高校、企业、社区、社团，传达习近平新时代中国特色社会主义思想、新时代对技能技术人才的新要求，帮助大学生们树立正确的世界观、人生观、价值观，同时提高业务素质和能力，履行十九大党代表的义务。

王中美学习小组利用“普通人讲普通事、身边人讲身边事”的形式，组织开展“典型引路，劳模示范”“向劳模学习，弘扬大国工匠精神”等主题学习活动，积极引导职工爱岗敬业，钻研技能，践行工匠精神，传承匠心文化，为青年职工树立榜样，不断增强青年职工的主体意识和上进意识。王中美走进国有企业、高等职业技术学院、产业园区，讲述自己的成长故事，言传身教，鼓励年轻人积极向上，不仅把政治理论带入一线，还深入实地进行技术指导和服务，和劳模创新工作室共融共建。

讲座、党课、理论培训、思想交流、技术指导……形式多样、内容丰富，王中美学习小组为提高普通职工理论水平、促进青年成长成才进行了有益探索，为企业培养出一大批优秀电焊工的同时，也为九江市各大职业高校、工业园区企业培养了大批优秀电焊工。

2020 年年初，一场突如其来的新冠肺炎疫情就是摆在每个中共党员面前的一次考验。大疫当前，全国人民携起手来，用不同的方式，在没有硝烟的战场上协同战“疫”。

关键时刻冲得上去，需要的时候豁得出来。在公司、社区防疫卡口、捐款捐物现场，到处都有王中美和“女子电焊突击队”队员的身影。

为响应配合“抗疫情、保增长、复工复产”，王中美冲锋在前，活跃在车间工作一线，和工友们一起把疫情耽误的工期抢回来。

王中美在本职工作中付出了大量的精力，又在各种社会活动中起着一个中共党员的模范带头作用。

2020 年 7 月，受持续强降雨、上游来水和长江中下游洪水顶托叠加影响，长江九江站水位逼近历史最高水位，防汛应急响应提升为 I 级。

大批人民子弟兵紧急奔赴九江市，执行抗洪抢险任务。王中美和“女子电焊突击队”队员主动参加中铁九桥 1.5 千米长江岸线救生圈、救生衣等抗洪物资储备、防汛点值守、子堤坝修筑等工作。在炎炎夏日里，她们默默地守卫着堤坝，守护着家园。同时，王中美还积极参与九江市组织的慰问抗洪抢险一线官兵的活动。

作为电焊工，王中美穿工装、持焊枪，在激情的焊花中工作的模样，大家一点儿都不觉得稀奇。但她脱下工装，直播带货的样子则很是让人惊艳。

2021 年 1 月 7 日，在九江市团委组织的“巩固拓展脱贫攻坚成果同农村振兴有效衔接”消费扶贫直播助农活动中，王中美就变身成了“网红女主播”。

但是，人的时间和精力毕竟是有限的。参加工作 20 年来，她几乎没休过完整的春节假期，能陪伴家人的时间少之又少。丈夫因工作原因，长期在全国各地跑，好不容易回趟家，王中美或许又在工地上，一年到头夫妻俩聚少离多。而一提及儿子，她更是沉默不语，眼睛顿时就湿润了。儿子已经 18 岁了，她永远心存愧疚。

自儿子出生后，她自己仅抚养哺育了 4 个月，一休完产假，就全身心扑在了工作上，转战在全国各个桥梁施工工地。给孩子喂奶、带孩子睡觉、接送孩子上学、辅导作业、开家长会……这一切，全交给了爷爷奶奶。有时候甚至连儿子生病她都照顾不上，作为母亲，王中美有“缺席和失职”的遗憾。

正月初三至初八，正是家家户户大团圆的日子，她却经常要去公司替同事顶班，几乎年年如此。这时，她就将儿子送到母亲家里。有一次，她的姐姐也带着孩子到娘家拜年。儿子看到表弟和姨妈母子俩玩得开心，失落感油然而生，伤心地哭了起来。回家后母亲就责怪她：“大过年的，也不陪陪孩子，公司的事，其他人不能做吗？”

王中美解释：“我住在本地，方便一点。别的同事家在外省，难道让他们大过年的特意赶回来当一天班？”母亲无言以对，只好摇头作罢。

作为一个妈妈，不能经常陪伴在孩子身边，陪他成长，王中美感到十分自责。可是工作又是她的职责所在，是她实现自我价值的体现，她一直想找到一个平衡点，可在这一点上，她不得不承认失败了。

一次，王中美偶然从孩子的作文中看到这样一段话：“妈妈是一名优秀的电焊工人，正是有了她的艰辛付出，才有了一座座雄伟壮观的大桥，一列列飞驰而过的高铁。妈妈，我为你自豪！”能够得到儿子的理解与认可，王中美分外感动。她知道，相比于一个只要陪伴不顾工作的妈妈，儿子更愿意看到一个为了实现自己梦想努力奋进的妈妈，一个能为国家富强、民族复兴贡献一份力量的妈妈！

她为儿子的理解深感欣慰。

八、时代楷模

早在2015年，由王中美故事改编的微电影《怒放的美丽》就荣获中国中铁首届“金路”杯微电影大赛最佳真情奖，微电影女主角由王中美本人出演；2017年9月，新华社从2286名十九大代表中选取了19名代表作为典型，推出微视频《党的十九大代表是怎样炼成的？》进行了专题报道。《王中美：用焊花绘出人生华章》作为首发视频播出。

这一路走来，王中美的荣誉接踵而至，王中美既惊喜又谦逊。

每个人都能将党和国家事业的“大目标”化为个人生活“小目标”，就能汇聚起实现伟大复兴中国梦的磅礴力量。王中美的“小目标”就是要继续发扬工匠精神，对每一道焊缝负责，努力带动更多的桥梁焊工成为技能型、创新型的合格劳动者。

“说实话，我真的挺不好意思的，我觉得我只不过是尽心尽力做好自己的工作而已。这些荣誉，让我觉得自己特别幸运，赶上了国家发展的好时代，让我这样一名普通的工人也有了大国工匠的梦想。”王中美表示，是时代造就了她。

近年来，中铁九桥抓住我国桥梁建设事业突飞猛进的发展机遇，承建了国内外大量一流桥梁，创造了“十七跨长江、十一跨黄河、九跨赣江、十八跨珠江”的骄人业绩。

南京大胜关长江大桥、武汉天兴洲长江大桥、沪苏通长江大桥……50多座世界一流桥梁的前期焊接试验任务，都留有王中美的身影，都洒下了王中美辛勤的汗水。她用自己在钢梁焊接领域的专长，围绕施工技术难点积极开展科研攻关，攻克了三代高强度高性能桥梁钢焊接技术难题，先后取得了27项技术攻关、17项创新成果，多项工艺填补了国内空白。她的“王中美焊接工法”改进了焊接技法，提高了工效。

通过16万余吨焊丝的历练，经过20年的岁月沧桑，王中美已成长为中铁九桥“首席电焊工”，为我国桥梁建设事业作出了积极贡献。

2021年6月28日举行的全国“两优一先”表彰大会上，王中美作为“全国优秀共产党员”代表，在人民大会堂得到习近平总书记等中央领导的亲切接见。

“习近平总书记和中央领导接见了受表彰的‘两优一先’代表后，和大家合影留念。而我幸运地被安排到在第二排的中间位置，站在习近平总书记和李克强总理的身后。那一刻，我十分激动，倍感荣幸！像我这样一个平凡的焊工，能站上党的百年庆典‘大奖台’，并且和中央领导人如此近距离合影，是何等的荣光！”王中美谈到这一高光时刻总是难掩激动之情。

接下来的2021年7月1日，王中美又在现场参加了庆祝中国共产党成立100周年大会。

“在今后工作中，我要把焊接好每一条大桥钢结构的焊缝作为检验自己党性的考场，继续扎根一线，不忘初心，做大桥生命的守护者，当好交通强国的践行者、奋斗者，在践行‘三个转变’的征程上继续发扬劳模精神和工匠精神，做中国制造向中国创造转变的排头兵、做中国速度向中国质量转变的表率者、做中国产品向中国品牌转变的传播者，为祖国和人民修更多的路、造更好的桥。”王中美在现场接受媒体采访时，怎能不心潮澎湃？

从女承父业的“黄毛丫头”到技术一流的“免检王”，从基层一线的电焊工人到“党的十九大代表”、“全国优秀共产党员”、“中国工会十七大代表”、“全国劳动模范”、“全国技术能手”、“全国五一劳动奖章”获得者、“中国青年五四奖章”获得者、“全国三八红旗手”，并于2020年获批享受国务院政府特殊津贴……风雨兼程二十载，每一步足迹都有她耕耘的汗水，每一条焊缝都是她辛勤的结晶。

这就是“大国工匠”王中美，以焊花照亮铿锵“玫瑰”的风采，在平凡的岗位演绎人生的精彩。

第四篇　胸怀『正』念的宝桥筑梦人

——中铁宝桥质量管理部职工、『廉正』典型孙仲无

第四篇　胸怀“正”念的宝桥筑梦人

——中铁宝桥质量管理部职工、“廉正”典型孙仲无

他是一名新时期的军人，用一腔热血铸就军魂；他是一名新时代的工人，用不懈奋斗书写芳华；他是一名“六廉”文化践行者，用守正清廉烛照人生。35年的职业生涯，他初心不变、本色不改、壮心不移、奋斗不止，以实际行动诠释了一名共产党员应有的使命和担当。

“净若清荷尘不染，色如白云美若仙。微风轻拂香四溢，亭亭玉立倚栏杆。”这首《玉兰》，是迄今为止赞美玉兰花最有名的一首诗词。

在中铁宝桥办公大楼前，就屹立着几棵广玉兰树。每天上下班，连续获得两届“玉兰质量奖”的孙仲无都会情不自禁地多看它们几眼。因为在他的心中，广玉兰树早已超过了它本身的意义和价值，那是他心中一直坚守的信仰与信念。

说起孙仲无，身边的工友更喜欢叫他“老孙”。不仅是因为他的年龄，更是因为他就像家里的老大哥一样，朴实无华，和蔼可亲。孙仲无，一米八左右的个子，短寸头，脸部棱角分明，说起话来铿锵有力，走起路来昂首阔步，笑声中带着爽朗和激情。身边和他一起共事的工友觉得他很倔，敢于坚持己见，敢于动真碰硬，给他起外号为“倔老头”。其实，他的性格与他的部队生涯密不可分。

祝“三个转变”重要指示发
“中国品牌日”暨媒体开
经济日报
解放日报
hket
搜狐陕西
宝鸡日报
BPR
中国
2021年

一、使命光荣勇当部队先锋

1965 年，孙仲无出生在陕西凤县的一个普通工人家庭，排行老二，父亲是一名光荣的共产党员。他从小耳濡目染，爱听父亲讲解放战争和抗美援朝的故事，也以“雷锋”同志的先进事迹为榜样，立志做一个勇敢坚强、诚实守信、乐于助人的人。“红色”家庭对孙仲无的影响很大，现在他身上还保持着积极乐观、坦诚实诚的优良品质。也正是因为从小接受过“先进教育”，孙仲无一直有着过人的胆识和崇高的理想，也有着对部队生活的憧憬和希望。

18 岁那年，孙仲无光荣参军，来到了被中央军委授予“丈量世界屋脊的英雄测绘大队”称号的成都军区某测绘大队。在部队的 3 年时光，是他人生理想信念成型的重要时刻，也是他刚毅坚韧性格培养的关键时刻。军队这个“大熔炉”，培养了他吃苦耐劳、勇挑重任、精益求精、乐于奉献的工作态度，也为他日后参加工作打下了良好的基础。

（一）系好“人生的第一粒扣子”

刚入新兵连，孙仲无很快就适应了部队的生活。在新兵连负责内勤工作时，为了能让战友们晚上用上热水，他每天负责去机关接热水然后再挑回连队，这一干就是 2 个多月。有一次，晚上下着大雨，大家训练回来，全身都湿透了，疲惫不堪。孙仲无顾不上休息，挑起水桶，披上雨衣，径直向机关走去。在回来的路上，由于雨中视线模糊，他不小心踩空，连桶带人摔了个跟头，全身是泥，热水倾铺到他的雨衣上，他忍受疼痛，想都没想，挑起水桶又向机关走去。回到宿舍里，战友们看到他满身泥水的样子，都被深深地感动了……孙仲无现在想起这个场景，至今仍历历在目、记忆犹新。他经常说：“部队是我永远的家，战友永远是我的兄弟。”

孙仲无用自己的实诚和热情将41名天南海北的战友凝聚在了一起，也凝聚了他们这一辈子难以割舍的战友情。由于吃苦耐劳、表现突出，在新兵连，孙仲无受到了领导以及战友的好评，荣获连队嘉奖一次。这份殊荣对于刚入部队的孙仲无来说是非常难能可贵的，这是对他扎实肯干、吃苦耐劳、任劳任怨、敢为人先的一份肯定，也帮他系好了“人生的第一粒扣子”。

（二）传承部队良好基因

2个月后，孙仲无被连队分配到了业务中队，主要从事与地图有关的工作，并光荣地加入了共产主义青年团。在这段时间里，他们的使命就是做好地图的分色，把前方战士用鲜血和生命测绘的地图用不同的颜色进行分类，为印刷打好基础，为部队作好保障。20世纪80年代，彩色地图非常稀缺，印制工作难度很大，使用不同的颜色、符号、注记以及使用点、线、面反映不同的环境，异常机密，做好彩色地图印刷工作，责任重大、使命光荣。这段时间里，他听得最多的就是“丈量世界屋脊的英雄测绘大队”的故事。

虽然，这都是他的前辈和战友的故事，却深刻影响和感染了他大半辈子。故事是这样的：

号称世界屋脊的西藏高原，地形险峻、气候恶劣，一直被视为测绘工作的“禁区”，成为测绘工作的空白。19世纪中叶，殖民主义者在珠穆朗玛峰南麓很远的地方测量了一下，就横蛮地把“额菲尔士”的名字强加在珠峰的头上。20世纪初期，一个叫普尔热瓦尔斯基的俄国沙皇军官也窜到西藏，盗窃地理资料。60年代初，我国在拉萨组建了成都部队第一测绘大队，这就是在西藏高原艰苦奋斗20年，为填补我国测图空白立下功绩的成都部队第一测绘大队。从第一天起，部队战士就牢记着自己的责任。他们激动地说：“不消灭我国地图测绘上的空白，就是测绘战士的耻辱！空白，一定要由我们这一代来填补！”

20年来，这支部队正是怀着为国增光、为人民造福的高度政治责任感，怀着对祖国山河的无限深情，踏遍了世界屋脊的山山水水，在许多无人区洒下了人类的第一串汗珠；在冰峰雪岭、原始森林、沼泽地带和泥石流区，踩出人类的第一行足迹。他们经过忘我拼搏，在百万平方千米的高原上，完成了平板、三角、天文、重力、水准、微波和航测调绘等测绘任务。

他们在“对党和国家负责、对未来战争的胜利负责、对子孙后代负责”“三个负责”使命的引领下，不顾山高路险，坚持“走到、看到、问清、绘准”。为了填准一个地名，测准一个数字，风餐露宿、忍饥受累，“一天磨烂一双鞋”是常事儿。他们用炽热的心血和汗水，洗去了帝国主义探险家强加给我国山川的耻辱，通过自己的调绘为一些高山大川正了名。

时至今日，孙仲无依旧喜欢对身边的人讲述这段故事，给老人讲、给孩子讲、给朋友讲、给战友讲、给工友讲……说着说着，他总会情不自禁地流下眼泪，大家也都被他深深地感染。他说：“这就是‘用生命丈量世界屋脊’的中国精神！在这个精神殿堂里，每个人的心灵都会得到洗礼，一生难忘、终身受益。”

如今，测绘工作毅然熔铸在孙仲无的血液里，收藏地图成为他的毕生所爱。每次上街或者出差，他都会一头扎进书摊里，从中翻找地图，尤其对世界地图、国家地图、省区图、地形图、天文图、交通图等情有独钟，在地图前每次看到他曾经生活过的地方，都会驻足很久。

在那段连队的工作生涯中，由于孙仲无积极上进、刻苦钻研，又一次荣获连队嘉奖。

（三）经受磨难炼就党员品质

受到嘉奖的孙仲无，平日表现突出，被调到了炊事班。大家对当时炊事班工作的印象是起早贪黑、又苦又累，很多新兵是没有信心干好的，孙仲无也一样，有些许不乐意。但是孙仲无不知道的是，又苦又累的地方实际上是部队培养入党积极分子的“摇篮”，部队会从实际行动和责任担当中考察一个战士，优中选优，培养成才。

军人的天职就是服从命令！孙仲无接到命令后的第二天就去了炊事班担任给养员，每天和锅碗瓢盆、采购食材打交道，本着节约、新鲜、实惠、经济又质量高的原则，保证做到让60名战友吃得好，这就是他的责任。

为了让战友们吃好，他每天一大早要出去买菜买粮，无论风吹雨打，还是冰天雪地，他都准时出发采购，仔细挑选，保证部队供应，部队的三轮“生活车”成了他的朋友，陪伴他走过了将近3年的部队岁月。

为了给战友们调剂好生活，让来自天南海北的60名连队战友都吃到自己喜欢吃的饭菜，孙仲无根据战友们吃饭的喜好，综合考量他们的饮食习惯，记录每个人的特点，尽自己最大努力去当部队的“美食家”。虽然那个时候，物资还不是很充裕，菜品还不是很丰富，但是同样的菜到孙仲无手中，都会成为“舌尖上的美食”，战友们吃得津津有味。每次开饭时间，他都是最后一个吃，最后一个离开。作为部队的一名给养员，看似普通，但孙仲无把它做到了极致，做到了无可挑剔的境地。至今回忆起来，大家的认可都会使孙仲无心中感觉甜滋滋的。

记得有一天下午，孙仲无和战友们商量，开垦营房周围的零星荒地，种点蔬菜，不仅可以解决伙食费短缺的问题，还可以吃到自己亲手种的新鲜蔬菜，一举两得。于是，孙仲无和战友在开垦荒地后，买了一些豌豆籽、韭菜苗、丝瓜籽等，回到营队，开始准备第二天试种。

“能够吃到自己种的菜啦！”战友们踊跃拿起铁锹，在空地里开始翻地下种，培好土，浇好水，等待菜苗成熟那一天的到来。在孙仲无的精心管理下，豌豆发芽了，韭菜长出新苗了，丝瓜也露出了尖尖角。这些菜里，最先送上战士们餐桌的是韭菜。韭菜鸡蛋饺子，大家期盼了很久。记得那天是端午节，孙仲无和炊事班的战友们起得很早，提前和好面，小心翼翼地割了第一茬韭菜，开始调馅儿包饺子，大家其乐融融，等待开饭。但是，当一盘盘热气腾腾的饺子端到战友面前的时候，有的战友开始哭了，因为每次吃到饺子的时候，想家就会成为一种习惯，大家一时半会都不忍心吃下去。

这时，孙仲无再三鼓励大家说：“以后大家想吃饺子，我还会时不时地包给大家吃，部队就是我们的家，我们都是兄弟，大家赶快吃吧，这都是我们亲手种的菜，味道香得很。”这时候，大家才开始拿起筷子，认认真真地将饺子放到嘴里，慢慢品味。一个、两个、三个……直到盘子吃了个精光。如今，这种场景时常会浮现在孙仲无的脑海里，让他体会到了家的味道、战友的情谊，体会到了给养员岗位的重要性。

事情过去快 40 年了，每次包饺子，尤其是韭菜鸡蛋馅饺子，孙仲无就会想起部队的韭菜苗，想起自己的军旅往事，想起许许多多战友的面孔，也非常怀念自己的军旅生涯。每当他去市场买回韭菜自己包饺子吃时，怎么做也吃不出来军营里的味道，孙仲无不禁感慨：“部队真好！”

担任部队给养员两年多的时间里，孙仲无任劳任怨，表现突出，荣立三等功一次。“孙仲无同志服役态度端正，目的明确，在担任给养员工作期间，工作扎实，任劳任怨，吃苦精神强，无论刮风下雨，从未误过食品供给，使全队的生活得到了较好的保障。思想意识健康，经济手续清楚，未出现过挪用和短缺现象，纪律性强，作风正派。不搞歪风邪道，积极维护部队的声誉，敢于坚持原则，受到领导和同志的一致好评。”这是当时嘉奖证书上对孙仲无的评价，孙仲无一直藏在心里，表现在行动上，这是对他部队生涯的综合评价和考量，是对他思想、态度、作风、群众基础、清正廉洁方面一个完整的肯定……3年的部队生活，3次部队嘉奖，对孙仲无来说是一生难忘的无上光荣。

1986年，孙仲无光荣地加入中国共产党。他知道，这是他人生新的开始，也是他政治生命的新开端。“一定要像英雄部队的战友们一样，做一名经得起实践检验的共产党员。”站在鲜艳的党旗下，他默默立下誓言。

二、坚守内心做到持之以恒

20世纪80年代，部队转业能够到企业工作，是一件值得高兴的事。从部队转业分配的第一份工作，孙仲无异常期待，也非常在意，父母劝他留在凤县县城，当时林业局、税务局都可以考虑。但孙仲无迟疑了，因为他想出去走一走，去外面看一看，不想在一个地方待一辈子。在亲戚朋友的推荐下，孙仲无来到了宝鸡。

当时的宝鸡，虽地处西北，但明星工业产品还有不少，“大树底下好乘凉”的长岭电冰箱，不逊于现在开奔驰、宝马轿车气场的“渭阳”摩托。在计划经济向市场经济转轨初期，这些产品远销大江南北，即使在宝鸡本地有的甚至也得凭票供应，为了买一台洗衣机、一台电冰箱，要托熟人，甚至找企业领导“特批”。这些，给宝鸡人留下了一段骄傲的回忆。当初，甚至有这样的说法：“陕西工业在宝鸡、陕西名牌在宝鸡。”宝鸡工业“名牌”的集中爆发，很大程度上得益于宝鸡工业起步早、门类全的优势。

宝鸡工业起步于陇海铁路修建，新中国成立后经过“一五”和“三线”建设时期国家的投资，逐步发展壮大，并成为我国西北重要的工业基地。特别是20世纪60至80年代初，一批沿海企业的内迁和一批国防企业的兴建，使宝鸡工业建设迎来了发展的高潮。这一时期，共有27户大中型企业在宝鸡建成投产，铁道部宝鸡桥梁厂（中铁宝桥前身）就是其中一家。

（一）克服困难，战胜自我

由于此前部队的经历，以及对国家基础建设的使命感和责任心，孙仲无毅然选择了铁道部宝鸡桥梁厂，开启了他的职业生涯。孙仲无时常说：“中国古代桥梁的辉煌成就举世瞩目，曾在东西方桥梁发展史中占有崇高的地位，为世人所公认；我国的铁路运输市场前景广阔，铁路道岔事业极其重要，我们这一代人肩负着祖国又好又快发展的使命。我选择国家桥梁、道岔发展事业，是对我内心的遵从，是对我3年部队生涯的延续。”1987年4月，孙仲无被分配到宝鸡桥梁厂铸钢车间，当了一名普通的组装工人，负责对产品的铸造、打磨和成品组装。这份工作苦脏累、高粉尘、高噪声，六天制，三班倒，但孙仲无一干就是14年。他凭借着一种坚定的理想信念，为自己的职业生涯奠定了坚实的基础。

刚到铸钢车间，孙仲无还是很不适应的，和自己想象的完全不一样。每天和粉尘、铸造件、打磨工具打交道，三班倒，日复一日，很机械，孙仲无很迷茫，不知道未来在哪里。这段时间里，他有过退缩，有过思想斗争，不想干，想走，环境太差了，这些在他心中一直是一道过不去的坎。有一次，孙仲无在打磨铸件的过程中，不小心弄伤了手，紧急情况下，他的师傅“老马”一把将他拉出打磨机器外一米远，护在身后，连忙叫工友帮他包扎伤口，送往医院。整个过程当中，“老马”一直为他打气，像家人一样陪在他身边，整个班组的工友们送他到单身公寓，轮换帮忙，给他打水，送饭，就这样，孙仲无度过了温暖又幸福的一个多月。等伤口痊愈后，孙仲无上班了，这次他的心态发生了翻天覆地的改变。他对自己说：“既然别人都能干，我为什么就干不了？既然别人都能吃这份苦，我为什么就不行？师傅都能从最基层做起，我有什么可委屈的？”

在最开始工作的 3 年时间里，孙仲无从打磨毛坯件入手，熟悉每一道工序后，才开始组装成品。在组装成品的过程中，孙仲无除了请教师傅外，还反复对照图纸自己学习、琢磨，有时候为了一件成品符合合格检验要求，拆了装、装了拆，反复练习 20 多次。熟能生巧，孙仲无爱琢磨，慢慢就总结出一套组装经验来，最后，向班组的工友进行推广，在他的积极带动下，班组的工作积极性高涨，在公司劳动竞赛中获得“优秀班组”称号。

工作的这 3 年时间里，孙仲无每天起早贪黑，满脸的灰尘，浑身一股机油味，劳保鞋沾满了油渍，时常沙哑着嗓子，孙仲无再也没有喊过苦和累。凭借自己的恒心和毅力，量的积累慢慢地达到质的飞跃，1989—2001 年间，他获得了 4 次厂级优秀共产党员，4 次争先创优、“双文明建设”先进个人。

（二）严于律己，铸就精品

2000年，宝鸡桥梁厂首次接到出口北美辙叉尖轨的重要任务，不仅工期紧要求高，更要保证生产出精品。为打开北美出口市场，厂领导、车间领导都非常重视。为了顺利打好这一生产仗，车间领导从每个班组抽出精兵强将，千方百计赢得时间和口碑。由于孙仲无工作认真，吃苦耐劳，对质量负责，有大局意识，被车间遴选，做好此次生产的最后一道工序——成品把关。

北美辙叉尖轨具有尺寸短小、断面不规则、凸凹不平、没有基准面、不好定位、尺寸薄、易变形、直线度不好调等特点，所以很多尺寸是靠工人用圆砂轮打磨来保障，打磨量大。为了保证直线度，孙仲无用一米平尺来做好测量和记录，要求每件产品必须试装，在这个过程中，他自制了一个胎具，把尖轨卡到模具里面，两边卡死，画上圆弧，再用砂轮打磨，把圆弧打磨出来。为了确保每件产品质量，孙仲无用样板进行圆弧控制，试装合格后进行表面抛光，涂清漆进行防锈处理。这样的工序辙叉尖轨试装由一个礼拜干一根逐渐减少到三天干一根，再到最后一天干一根，孙仲无逐渐探索出工艺优化程序，确保提高效率的同时又保证好质量。

半个月的时间里，加班加点成为孙仲无每天工作的常态，“能啃硬骨头，要做实干事”是他每天的口头禅，自己鼓励着自己，一个人完成总量500根辙叉尖轨组装的56%，重达5600千克。最后，在全厂上下的全力配合下，圆满完成了宝鸡桥梁厂首次出口任务，也为后续海外市场供货开创了历史先河。这次出口任务，对宝桥来说极具分量。孙仲无也因此被授予“北美出口高锰钢辙叉尖轨生产先进个人”光荣称号。在受表彰的队伍里，他是唯一的一名工人。

在铸钢车间的14年里，孙仲无坚守初心，牢记使命，在最平凡的工作岗位上脚踏实地、求真务实，也为他从事质量检查工作打好基础。同时，这14年也是中铁宝桥飞速发展的“加速期”，钢梁钢结构“东进双阔”加速发展，铁路大提速一轮接一轮蒸蒸日上，孙仲无目睹了公司铿锵有力的发展步伐，干事创业的信心更足了，创业奋斗的劲头更足了！

孙仲无回忆起之前的车间生产环境，再看看现在的高锰钢辙叉生产基地，简直是天壤之别。20年的发展，见证了一个又好又快发展的宝桥，也成就了一个敢打敢拼的孙仲无。2016年年初，中铁宝桥建企史上最大的单一投资项目——中铁宝桥辙叉公司正式开工建设。2020年12月底，中铁宝桥辙叉公司正式投产，并成功下线了我国第一组Ⅱ代高锰钢辙叉，引领我国高锰钢辙叉行业实现了“升级换代”，为行业发展树立了“绿色样板”。

三、碰硬较真把好质量大关

是金子总会发光！由于基层生产一线的历练，孙仲无熟悉了主要产品从最开始下料到最后总拼的全部过程，由于每个环节孙仲无都能够认真把关，总结经验，有始有终，从工友到工长再到车间领导，大家都对他竖起大拇指。“孙仲无不怕吃苦，善于钻研，敢于较真，悟性高，有毅力，是我们学习的好榜样。”这是孙仲无的工友以及师傅“老马”对他的评价。“孙仲无苦活累活抢着干，哪里需要哪里练。”这是当时车间流传的对孙仲无评价的顺口溜，现在大家说起来依然朗朗上口。

工作得到了大家的肯定。2001 年 9 月 1 日，孙仲无接到一纸调令，正式上调至中铁宝桥质量管理部，在钢结构检查站任检查工。产品质量检验工作，对孙仲无来说是全新的挑战，必须从零开始。因此，了解产品的特性，掌握产品检验的基本原理、方式方法，领会钢结构产品检验的核心要义，杜绝质量事故的发生是孙仲无对自己内心的承诺。

（一）不断学习，自我充电

把钢结构产品做规矩、焊结实、对企业和客户负责，这是孙仲无多年来总结的经验。做规矩，就是按照图纸、工艺文件和技术要求的几何尺寸，将部件以定位焊连接在一起的过程和方式，也称结构产品装配。焊结实，就是按工序图纸的装配顺序，将部件根据焊缝大小，做成一个完整焊接过程。对于钢结构产品而言，无论产品大小只要进行焊接都易变形，因此为了攻克这个工艺检验难题，孙仲无在学习检验知识的同时，学习焊接知识，每天起早贪黑，抱着图纸向师傅、前辈请教，不断地去学、去问。因为他明白，如果不按要求焊接，变形大，易开焊，造成产品几何尺寸变化，会生产出不合格的产品。

因为检验工作的特殊性，有效的检验工作是不能离开现场的。所以，为了尽早在检验工作中“入门”，孙仲无在现场除了跟师傅刻苦学习、记好学习笔记外，还模仿当年“杨露蝉偷学陈式太极拳”的方法，“偷学”其他师傅的检验“秘诀”。他一边主动帮助师傅们清理卫生、准备工装，甚至打饭倒茶，一边仔细地进行“望闻问切”，及时把一些工作诀窍记在心里……时间一长，很多师傅都被他这种真诚和爱心打动了，开始主动给他手把手教、面对面讲，利用工余时间指导他从零碎小活干起，从一个个细节做起。

师傅们给孙仲无讲的检验知识，使他深刻认识到，生产过程的检验，虽然产品不一样，但不变的是自己在结构制造中对检验方法的理解。焊前必须做到对钢结构产品平面度、直线度、垂直度的检验，现场发现问题必须及时指出，及时控制，保证大件生产不存在翻焊的现象发生。因此，孙仲无必须在现场蹲点，才能做到检验不漏项，最终保证产品的制造质量，使其符合用户要求，保证正常使用。

在工作中，孙仲无还主动学习了如何应对焊接接头形式不一致、按顺序或对称施焊的方式方法等，并对这些方式方法反复琢磨，铭记于心。这些方法的日积月累，反复验证，对防止结构产品变形起到了实质性的作用，也对孙仲无检验工作来说是一次质的飞跃，为他进行项目实地检验总结了宝贵的经验。

（二）实地检验，捍卫质量生命

2002 年，孙仲无接到了第一个工程质量跟踪监测项目——南京大胜关长江大桥。这个建成后被誉为“世界铁路桥之最”、代表了中国桥梁建造最高水平的大桥，具有体量大、跨度大、荷载大、速度高“三大一高”的特点，它的建成标志着中国桥梁建造技术跻身于世界领先行列。

在工程开工质量会议上，公司领导强调了南京大胜关长江大桥承建过程中质量检验的重要意义：“质量就是桥梁的生命，更是企业的生命！”这句话，孙仲无不敢忘，也不能忘，也是他之后工作中一直牢记的座右铭。

夏季的高温是施工的“大敌”，钢箱梁内近 60 摄氏度的高温似乎要把孙仲无融化了，可他每天的工作都是从早晨 5 点开始，并且一干就是十四五个小时。一次，直到夜里工友们也没有等到他回来，担心他会出事儿，于是大家拿着手电筒上桥找孙仲无。找到他后，工友们都十分不解，这大桥工程也干过不少，没见过哪个质量检查工每天工作这么长时间。这一问才知道，孙仲无完成了每天的机器检测后，还要对箱体内所有转角处的焊缝进行人工检测，这工作量就增加了3倍。一位工友不解地说：“老孙呀，干工作嘛，责任尽到就行，何必那么较真儿呢！”孙仲无笑着说：“我得对得起企业，得对得起自己的良心，不然，我睡不着觉啊！”

大桥逐渐迎来了合龙的日子。就在大桥合龙的最后三天里，孙仲无干脆就直接睡在大桥上，每隔一个小时对合龙段数据进行一次测量，他要准确掌握合龙段数据与时间、湿度、温度几个变量之间的变化关系，让大桥在合龙时精确配切，把合龙误差控制到零。

然而，就在大桥合龙那天，当地温度骤降，狂风大起，预定的合龙时间数据与实际数据产生了3厘米的误差，施工陷入停滞。项目领导了解情况后说：“这气温骤变也属于正常情况，只是这工期……要不我们和业主沟通一下，看看能不能……”孙仲无一听却不干了，他对领导说：“那怎么能行？我负责检测，我的责任，我来承担！”于是，孙仲无回到宿舍，装上10个手电筒，只身一人冲上大桥。他要随时掌握合龙段数据的变化，第一时间重启合龙。整整两天两夜十个手电筒全部耗尽了光亮，他是一眼未合。终于，第三天凌晨，合龙段数据进入了误差范围，孙仲无用沙哑的声音通过对讲机大声喊道：“快！大桥可以合龙了！”

大桥合龙后，监察组领导找到孙仲无，握着他的手激动地说：“这么大的一个工程，这么艰苦的条件，能保质保量甚至超标准完成任务，创造了奇迹。了不起，宝桥人了不起呀！”

（三）迎接挑战，坚守“最后一公里”

2001 年，举世瞩目的舟山大陆连岛工程开建，中铁宝桥承建了首座跨海大桥舟山桃夭门大桥。这是公司钢桥梁产品首次挺进舟山群岛，干好这项工程对于中铁宝桥具有十分重要的意义。

当时，孙仲无就承担着这座大桥的质量检验工作，每天和大桥“工作生活在一起”，被大家伙誉为大桥质量“把关人”。经过一年多的艰苦鏖战，大桥逐步迎来了合龙的日子。孙仲无深知，对于一座大桥，合龙阶段既是冲刺收官阶段，更是质量“最后一公里”，绝对不可以有半点马虎大意。

在合龙前的日子里，孙仲无每天都要冒着海风甚至大雨，坐船在桥位的两个施工点进行工程质量检验，发现问题立刻要求工友及时现场处理。每天坐船对孙仲无来说是一个挑战，虽然军人出身，但是晕船对他来说也无能为力，最好的解决方法就是多坐，逐渐习惯。那段时间里，孙仲无从艰难到习惯转换，每天坐船往返多达十五六次，逐渐克服晕吐，大桥质量检验工作也变得顺利了很多。最终，舟山桃夭门大桥实现“零误差”合龙，焊缝一次探伤合格率达到 98% 以上。

大桥顺利合龙后，马上要检查孔密封，孙仲无的工作仍然没有结束。对此他二话不说，带领工友们对全桥的所有接口进行了全面检验。在确保质量无误后，才按要求封闭了检查孔。当年，因为工作表现突出，孙仲无被舟山大桥工程指挥部授予“工程建设个人三等功”。

由于中铁宝桥参建大桥与舟山群岛结缘，随着以国内大循环为主体、国内国际双循环相互促进的新发展格局逐步形成，“一带一路”、粤港澳大湾区建设等国家重大发展战略向纵深推进。2021 年，中铁宝桥紧紧抓住经济新发展格局形成的有利时机，在对未来国内、国际产品市场需求以及整个集团产业发展方向反复研究论证后，经中国中铁、中铁工业等上级主管单位同意，投资建设舟山公司。这也是中铁宝桥践行“三个转变”、发挥自我优势、扩大市场份额、拓展相关业务，推动企业高质量发展又一具有深远意义的战略布局。

（四）总结教训，学无止境

2010 年，公司接到一组特殊道岔生产任务，工期非常紧，业主主动到中铁宝桥现场等，活一干完后，进行现场发运。为了跟上业主要求的速度，道岔质检的活被分流到了子分公司，当时孙仲无负责驻子分公司检验工作，这次检验，连班转，孙仲无连续工作了 30 多个小时。

孙仲无在检验的过程中，由于时间太紧，对道岔先进行了分类，孙仲无首先对复杂的产品进行了逐个检验，简单的产品进行了品种抽样检验，剩下的交给驻外的检验队了。凭借以往经验，孙仲无对简单的道岔没有再次亲自检验，由于原材料厂家是一直合作的老厂家，所以没有多想，就签字放行运输了。但最后事实并不是如此，简单的一组道岔，最后铺设到线路以后才发现尺寸有问题。当时，业主第一时间联系到了公司售后服务处，公司补发了最新一组道岔，及时弥补了过错。

事后，孙仲无懊悔不已，内疚了好长时间，这次的事情对他来说是一次深刻教训。所以，他的嘴边常挂一句话：“质量工作无小事，越简单、越不起眼的检验越不能放松警惕，一定要对经手的材料品质负责。”

2016 年 3 月，孙仲无接到了进口西班牙钢轨的检验任务，迎来了职业生涯的又一次挑战。由于该项目所使用的检验标准是欧盟标准，年过五旬的他顿时感觉棘手了。面对各种新挑战，他没有畏惧和气馁，因为长期的工作经验告诉他，从来没有翻不过去的“火焰山”，越是工作困难越要把它干好，这才是一名宝桥职工的“正业”。

艺高人胆大的孙仲无，决定“笨鸟先飞早入林”。在未接到图纸和相关标准前，他便积极主动联系物资保障部计划员和相关技术人员，找图纸、学标准，把检验流程弄得清清楚楚。在取样过程中，他全程跟踪，核实取样位置、试样编号，确保检验的准确性；在试件加工过程中，积极与车间沟通，最终在结点日期前完成了检验工作，保证了车间的正常生产。

近年来，中铁宝桥城轨交通产品发展迅猛，打造了多项具有世界影响力的“超级工程”。与此同时，配套产品PC梁支座生产也进入了高潮，对外需求大，生产产量高，为公司带来了十分可观的经济效益。

PC梁支座，属单轨交通轨道部件制造领域。支座中的支座下摆的底部穿过锚栓而位于支承座中的凸轮上，支座中的支座上摆与支座下摆铰接，支承座中凸轮的下方设有垫板，垫板的下方设有盖板，盖板的下方设有底板，锚栓穿过支座下摆底部、凸轮、垫板、盖板中的通孔及锚套，其锚栓的上端穿过球面垫板与球面螺母连接，下端通过锚栓座与置于其内的球面螺母连接，锚栓则位于锚箱中。PC梁支座生产流程比较复杂，质量要求十分严格。对此，质量管理部领导找到孙仲无，再次把生产试样检验任务这一“烫手的山芋”交给了他。在他接手之时，有6个厂家同时供应毛坯及试样，虽然品种只有5个，但数量多，批量大，工作任务十分庞杂。

孙仲无按照工作流程，首先把每套试样分为拉伸试样、冲击试样、化学试样、金相试样共6件，检查试样的数量、批号与实物是否对应。只有两者对应后，再通知试件加工厂进行加工取样。

在质检环节，他对应产品批号，填写试验申请单，一一送到中心检验室进行化学分析、金相组织、力学性能、冲击试验，再到计量室进行50倍投影仪判定产品是否合格。最后，再根据试验结果报告，把合格报告所代表的产品通知车间生产，不合格批次对应件号通告车间单独存放或等待处理，确保了生产进程和产品质量。

在PC梁产品高产量生产的3年时间里，孙仲无共计检验道岔用钢轨104460吨、焊材1578.645吨、油漆1854.673吨、高强螺栓连接副200778套、圆柱头焊钉1674973套。其中，检出2批焊丝、1批圆柱头焊钉不合格；完成PC梁试件取样1496套、127批次，其中，最多的一个批次取样多达75套，最终判定13套试样不合格，重新退回生产厂家进行了处理。孙仲无为PC梁支座生产提供了一手数据。

现在，在中铁宝桥，谈到质量把关第一人，大家都会想到孙仲无。“绝不让不合格品入库！”“质量是咱企业的生命，也是咱们员工的生命，干质量工作，要对得起企业，对得起自己的良心！”“只要出现问题就必须处理，只要有质量隐患，就必须排除，只要不符合要求就必须无条件整改，只有这样才能保证产品质量，只有这样才能让企业高质量健康地发展。”想到这些话，宝桥人都知道，这就是孙仲无嘴边常挂的话，他的话每次都是那么有底气，有力量！他，对待工作讲原则，讲标准，不留情面，但是熟悉他的人都会为他竖起大拇指，因为产品质量没有“差不多”，孙仲无坚持“用事实说话”“坚守正道”。

从事原材料检验工作的21年里，孙仲无兢兢业业、精益求精、任劳任怨，以实际行动践行了“坚决不让不合格品入库”的承诺，持方守正，彰显了一名质量检验人的风采。

四、建功三线积淀玉兰品质

1966年，为了响应党和国家提出的“三线”建设伟大号召，以沈桥厂为骨干的千名创业者不远万里，告别老家东北，来到秦岭脚下，义无反顾地投入宝桥厂的创建发展之中。

当年7月15日，铁道部宝鸡桥梁工厂（中铁宝桥集团前身）正式建成。1985年6月，作为建厂20周年“一号工程”——宝桥办公大楼（管理中心前身）建成投用。当天，在楼前广场上举行了简朴的庆祝仪式。在广大职工代表的见证下，各级领导一起挥锹挖坑，培土浇水，种下了几棵广玉兰树。“广玉兰树，抗旱耐寒，树势雄伟；广玉兰花，向上而生，白玉无瑕；广玉兰叶，生生不息，四季常青。广玉兰树代表着宝桥人不忘初心、艰苦奋斗的创业精神，广玉兰花代表着宝桥人匠心匠造、品质为上的质量追求，广玉兰叶代表宝桥厂事业兴旺、基业长青的发展愿景！”

几十年来，屹立于广场的广玉兰树，与宝桥人一道历风雨、共奋进、同成长、铸辉煌，经受了改革开放的考验，经受了市场经济的风浪，经受了竞争对手的轮番挑战，完成了工厂制到公司制的转变，取得了实现43年持续盈利的辉煌成绩，中铁宝桥也逐渐成长为世界最大的铁路道岔制造商、国内最大的钢梁钢结构生产商、国内品种最齐全的城轨交通产品研制商、国内最大的高锰钢辙叉出口商，包揽了所有“国家级”荣誉，产品获得了80多项国际国内大奖。

时至今日，“玉兰品质”已经成为“品质宝桥”的一大象征。2019年，中铁宝桥企业品牌建设拉开帷幕，以广玉兰名义设立的中铁宝桥“玉兰质量奖”正式出台。这项大奖，专门用以表彰在质量工作中作出贡献的宝桥职工，是中铁宝桥建厂以来设立的最高质量奖。

五、精益求精见证玉兰精神

2019年是新中国成立70周年，8月26日，对孙仲无来说是此生值得纪念和难忘的日子，“工业精神火炬传递”走进陕西宝鸡。在这重要时刻，那天，孙仲无早早起床。洗漱之后，他将这枚代表他神圣使命的共产党员徽章缓缓地戴在了自己的左胸前，镜子里的“自己”，仿佛告诉自己，这是心中的“玉兰”精神、“工业”精神、“宝桥”精神与自己的完美邂逅，工作30多年来，第一次自己和自己的“心”离得那么近。那天，孙仲无是激动的，也是自豪的。按照公司的要求，孙仲无早早排队，按照指定的位置站在了火炬传递的队伍里，火炬传递马上开始了。

在公司的北门广场上，站在火炬传递队伍里的孙仲无，伴随着《歌唱祖国》歌声，拿着国旗、党旗、司旗，一路小跑，见证了全国劳模张莉激动人心的火炬传递时刻，孙仲无跟随火炬手，沿着城轨交通产业园一路前行。随后，工业精神火炬依次穿越“世界首条高速磁浮商业运营线制造地”机械车间、“中国首组高速道岔诞生地”道岔车间、“中国首座国家金质奖桥梁生产地”钢结构车间，到达终点站“国内首条道岔垫板自动化线”道岔垫板厂房。最后，神圣的火炬由全国劳模、中铁宝桥特级技师王汝运传递到中铁宝桥党委书记、董事长洪军，党委副书记、总经理李宗民手中，并在颁奖主会场上熊熊燃烧，完成了工业精神火炬和中铁宝桥首届“玉兰质量奖”的“完美邂逅”。

当主持人宣布中铁宝桥首届“玉兰质量奖”颁奖仪式隆重开幕时，

孙仲无和其他两位获奖者的名字和照片出现在大屏幕上，刹那间，孙仲无听到自己异常清晰的心跳声。在200多名职工代表的共同见证下，颁奖现场播放了《品质宝桥》专题宣传片，展示了包括孙仲无在内的“玉兰质量奖”获奖者风采以及事迹材料。孙仲无和其他两位获奖者，是中铁宝桥4000余名职工通过初选划票、网络投票、专题大会讨论，经过三轮选举共同选出来的，第一届“玉兰质量奖”的意义对于中铁宝桥践行习近平总书记提出的“三个转变” 具有重要的现实意义。

伴随激动人心的颁奖音乐，中铁宝桥党委书记、董事长洪军，党委副书记、总经理李宗民，副总经理张洲旭为获得“玉兰质量奖”的于宏钢、孙仲无、杨宝元颁奖。在讲台上，孙仲无的获奖感言是这样的：“感谢公司对我的培养，我会以此为新的起点，为公司钢结构、道岔产品把好‘质量第一关’，我将以我所能，守住初心，勇担使命，为宝桥高质量发展保驾护航。”铿锵有力的发言，铁骨铮铮的气概，是孙仲无此时最逼真的写照，也是对他20余年质量工作初心最好的总结。

在大家的掌声中，孙仲无和其他两位获奖者一样，拿起手中的奖杯和鲜花，举过头顶，向在场的职工一起祝贺。在颁奖现场，中铁宝桥党委书记、董事长洪军，总经理李宗民代表公司全体职工，在由中国桥梁、中国高铁、中国盾构组成的《七彩工业图》上，描绘了象征中铁宝桥的“黄色”，大家合影留念，为本次火炬传递活动画上了圆满的句号。在孙仲无的工作相册里，一直珍藏着这张集体照。

2021年5月10日，中铁宝桥举办第二届“玉兰质量奖”颁奖仪式，这一次，孙仲无又踏上了“玉兰质量奖”的领奖舞台，成为两届“玉兰质量奖”的连续获奖者。

这一天早晨8时，在中铁宝桥第四会议室广场前，孙仲无在签名活动墙上，庄严地写下了自己的名字，并在工作人员的指引下，佩戴绶带，手捧奖杯和鲜花，再一次留影纪念。这是时隔一年后，孙仲无凭借坚韧不拔的毅力和敢于碰硬较真的魄力，向中铁宝桥高质量发展迈进的“坚强而厚重”的一步，也是在践行“品质宝桥”过程中实现自我超越的重要一刻。想起当时现场的一幕幕，孙仲无这次心情平静了很多。他告诉自己，“玉兰质量奖”并不代表他个人，而是代表公司这个大家庭，是公司给了他努力奋斗的平台，是公司给了他这份肯定和荣誉。他的责任更重大了。

颁奖结束后，孙仲无带着这份沉甸甸的喜悦回到了单位，单位领导和同事给他送上了真诚的祝福。在支部举办的“敬业奉献”道德讲堂上，孙仲无作为故事的主角，给支部党员同志分享了自己这些年在工作岗位上的故事。有坚持，有汗水，有泪水，有动力……他的这些故事，不仅在宝桥内部，而且在中国中铁系统引起了较大的反响。

在中国中铁“质量是企业的生命”青年质量意识演讲比赛中，中铁宝桥党委宣传部丁浩以《老孙的初心》为题，声情并茂地讲述了孙仲无坚守质量前线的真人事迹，以平凡的身边故事诠释不平凡的质量初心，以平淡的话语述说不平淡的责任坚守，饱满的情感、动人的故事、亲切的声音，赢得专家评委和现场观众的一致好评，演讲比赛也获得决赛的三等奖……之后，孙仲无的事迹被中国中铁系统很多单位和职工所熟知。

六、勤勉清廉践行“六廉”典型

2021 年，中铁工业“六廉”典型人物评选中，孙仲无因为敢于碰硬较真，持方守正，以其过硬的综合素质被推选为中铁工业“廉正”典型，他的“廉正”事迹也在中铁工业系统内广为传唱。

“几十年来，质量是你的信仰。你对毫厘的坚持，不仅擦拭着企业的金字招牌，维护的也是企业的生命。若问你的初心是什么，那是对事业的无限忠诚，更是对每一座桥梁、每一根道岔‘细胞’的绝对负责。”这是中铁工业在2021年召开的庆祝中国共产党成立100周年大会暨基层党建现场会中，中铁工业党委授予孙仲无的颁奖词。作为中铁宝桥推选的“六廉”人物典型“廉正”代表，孙仲无从宝鸡秦岭脚下，乘坐高铁一路向东，到达了中铁山桥，参加了这次现场的颁奖活动。这是他第一次，以“廉洁正直、清廉公正”的“廉正”形象，代表中铁宝桥去领这个奖，在企业廉洁文化建设中实属首次。

孙仲无能被推选为中铁宝桥“六廉”典型人物代表，与他血液里的正直品质、行动中的先锋模范作用，以及敢于碰硬较真、精益求精、任劳任怨、持方守正的做事风格密不可分。评选“六廉”人物典型，推出“典型示廉”教育作用，是中铁工业和中铁宝桥推进“六廉”文化建设的重要途径。孙仲无在中铁工业44名典型代表中，经受住了层层选拔和“廉正”考验，才有了字字铿锵的颁奖词。

回忆起参加中铁工业“六廉”典型人物颁奖的现场盛况，孙仲无的内心翻江倒海。得知整个中铁宝桥“六廉”人物就他一个人入选时，他是诧异和惊喜的，他说得最多的一句话是：“感谢组织的培养，我真的只是做了本职工作而已。”在表彰会的现场，孙仲无真正明白了“廉正”一词的分量，它代表了“廉洁自律、持方守正的道德品行”。颁奖现场，孙仲无和其他兄弟单位5位“六廉”代表一起上台领奖，他记得很清楚，给他颁奖的是中铁工业党委书记、董事长易铁军，当时心里特别自豪。同时他在心里反复地问自己：“我就是一名普普通通的工人，这份荣誉我能担得起吗？”但是事实证明，孙仲无能担得起，他的工作态度，他的道德品行，他的人生信条，他的群众基础，他 35 年来精益求精、任劳任怨的工作经历，他 35 年清正廉洁、敢为人先的道德修养，都证明他担得起！

2021 年 5 月，中铁宝桥推出“六廉”文化廉洁品牌建设，正式形成“一母四子”的品牌体系。孙仲无的“廉正”典型事迹同时入册中铁工业以及中铁宝桥《六廉文化选集》。同年 6 月，在建党 100 周年到来时刻，中铁宝桥纪委开展了“学党史 讲廉洁 树先进 创品牌”系列主题教育活动，中铁宝桥党委副书记、纪委书记刘军讲述了包括孙仲无在内的 6 名“六廉”先进典型事迹，纪委进行了专题报道，孙仲无等 6 名“六廉”先进典型事迹在中铁宝桥成为基层争相学习的榜样，一时间，“学廉、崇廉、鉴廉”在中铁宝桥盛行。活动中，党委副书记、纪委书记刘军为孙仲无送上《六廉文化选集》和“六廉”书签，并和他合影留念，让这一刻成为永远的纪念。

回到工作岗位上，孙仲无手捧证书、《六廉文化选集》和“六廉”书签，仔细地端详和抚摸，认真地翻看，细细地领会。这是他第一次读“自己”，第一次和自己的先进事迹离这么近，孙仲无熟悉又陌生。从第 1 页到第 142 页，孙仲无仔细阅读《六廉文化选集》，认识到“六廉”思想的博大精深，“六廉”廉洁文化理念的深刻内涵，“六廉”文化创建活动的重大意义。

好记性不如烂笔头！孙仲无拿出笔记本，开始了他的学习记录：“六廉”出自《周礼·天官冢宰·小宰》，“六廉”：一曰廉善，二曰廉能，三曰廉敬，四曰廉正，五曰廉法，六曰廉辨……

七、迎难而上坚守理想信念

山桥之旅，在孙仲无的心里留下了深刻的记忆。党的一大代表王尽美的先进事迹，让孙仲无内心久久不能平静。2021 年，中国共产党迎来百年华诞，作为一名有着 35 年党龄的老党员，孙仲无的心里早已把“使命和担当”烙在了心里。35 年前入党的一幕幕像过电影一样从他的脑海里闪过，孙仲无一直把入党誓词铭记于心。

那次远行，孙仲无的心灵是震撼的。在中铁山桥红桥文化广场，在党的一大代表王尽美同志雕像前，孙仲无和其他代表一起，感受到了尽美精神。回到宝桥，孙仲无从网上找到关于王尽美更详细的先进事迹，进行自学。在随后的党员大会中，孙仲无把自己的所闻所感以及王尽美同志的先进事迹分享给了支部全体党员——

1922 年 8 月的一天，一位 24 岁的青年从北京来到山海关铁工厂当了一名学徒工，他就是中国共产党创始人之一、中共一大代表王尽美，受李大钊同志的派遣，秘密前来组织和领导工人运动。他白天参加劳动，和工人打成一片；晚上在工友夜校宣讲革命道理，传播马列主义。1922 年 9 月，王尽美与铁工厂的党员杨宝昆，在工人中发展了 2 名新党员，建立了党的秘密组织，这是秦皇岛地区第一个党组织。一个月后，王尽美组织领导了声势浩大的京奉铁路工人大罢工并取得全面胜利，在中国工运史上留下了厚重的一笔。1923 年 2 月，王尽美被党组织调回北京，但他播撒的红色火种在企业生生不息、代代相传。1923 年 2 月，因遭敌人密报，王尽美等三人被反动县属绑架关押，在山海关铁工厂 400 余名工人的强烈要求下，得到了营救。下旬，王尽美在工人们的掩护下离开山海关。之后，又转战山东淄博、青岛等地，积极组织和指挥各地工农组织运动。1925 年 8 月王尽美病逝青岛，时年 27 岁，他逝世前口述遗嘱：“全体同志要好好工作。对于无产阶级和全人类的解放和共产主义彻底实现而努力奋斗到底！”讲到这，孙仲无有些许哽咽。

孙仲无告诉同事们，他的祖籍也是山东，能够把王尽美的事迹讲给大家听，是他的使命和义务。在支部大会上，孙仲无说：“这就是一个共产党员坚定信念的一生，我们一定要向先进学习，把先进的故事讲给更多的人听！”

2021 年 7 月 1 日上午 8 时，庆祝中国共产党成立 100 周年大会在北京举行。前一天，中铁宝桥党委下发了专项通知，要求全体党员领导干部职工通过多种方式，组织收看收听大会盛况，认真聆听习近平总书记重要讲话。孙仲无也不例外，准时来到了支部会议室，观看了大会盛况，他一边看，一边用笔写下了自己的感悟和触动。在支部组织的心得分享会上，孙仲无说道：“习近平总书记的讲话太振奋人心了，我入党 35 年了，回首过往，我们的国家确实强大了，有底气了，身为中国人我很自豪，很自豪！”“在这个和平的年代，我要珍惜我的工作岗位，干好自己的本职工作，守好宝桥的质量大门！”孙仲无笔记里的这些话，是他发自内心的呐喊！

孙仲无也时常说：“虽然我已年过半百，但是我认为我还年轻，我可以做很多事，只要国家需要我，宝桥需要我，我都义不容辞，我要干到干不动的那一刻。”孙仲无经常以“老黄牛”自喻，他是默默无闻的，他是倔强较真的，但他骨子里是憨厚忠诚的，这些年来，孙仲无也一直用“老黄牛”精神鼓励和鞭策着自己，也鞭策着他周围的同事们。

专心不已，奋斗不息！仲夏的晨曦中，孙仲无又拿起他的检测工具，向清姜河西库匆匆走去，一个又一个，一批又一批，检验着即将发往车间的原材料，为中铁宝桥把好质量检验“第一关”，让更多更好的宝桥产品走进市场，满足广大客户的需求。

今天的中铁宝桥，以习近平新时代中国特色社会主义思想为指导，积极融入交通强国、“一带一路”建设等国家重大战略，深入践行习近平总书记系列重要指示批示精神，持续推进“三个转变”，抢抓重要战略机遇，全面深化改革，加快科技创新步伐，提升企业发展质量，奋力开启品牌强企新征程。今天的中铁宝桥，在“品质宝桥、国际宝桥”的品牌建设中取得了丰硕成果，品牌价值达到35.14亿元，位居我国机械制造行业前列。品牌体系不断升级，品牌管理持续完善，品牌影响力进一步扩大，四大子品牌同抓共建互促，为企业的高质量发展注入了品牌力量和创新活力。今天的中铁宝桥，产品畅销全球30多个国家和地区，参建工程累计获得国际国内大奖80多项。2020年新签合同额达100亿元，取得历史性突破，实现了自改革开放以来43年持续盈利的辉煌成绩，保持并巩固了行业龙头地位，是名副其实的造桥“国家队”和铁路道岔的“摇篮”。

八、对标先进敢于挑战自己

回忆孙仲无的35年，他参过军，干过最苦最累的活；他当过铸工，饱尝了酸甜苦辣；他干过产品检验，敢于较真碰硬；他也得到过组织的肯定，获得过“玉兰质量奖”“优秀共产党员”“质量信得过党员”“先进生产工作者”“安全优胜个人”“‘六廉’廉正典型”，是“陕西省质量管理奖”的基层有力代言人。

在孙仲无身上，有过徘徊和放弃，有过怀疑和磨砺，有过坚持和成功。事实证明，一个人不会随随便便地成功。人生当中会出现各种各样的困难，有人会选择迎难而上，有人会选择放弃，当然这两种人也会有两种不同的结果，孙仲无选择了前者。不管是在部队还是在工作岗位上，孙仲无一直以张海迪的故事和她身上坚韧不拔的精神鼓励着自己。

现在的孙仲无一直告诉自己，成绩只能代表过去，人始终要向前看，虽然在工作岗位中，取得了一些成绩，但是那仅仅代表他的过去。至于未来，孙仲无始终有自己的方向，有自己的规划。“用心工作，努力干好本职工作，就不会有太大的偏差。”这是孙仲无内心的独白，他会一直坚持下去，以一个优秀党员的标准严格要求自己，学习“劳模”精神是他努力的方向。每当看到中铁宝桥全国劳模王汝运、张莉的先进事迹，他的内心都受到一种深深的鼓励和触动，对于一个一辈子立足于生产一线的工人来说，不懈的努力、组织的肯定，都是很重要的。

“学习劳模、崇尚劳模、争当劳模”，榜样的力量是无穷的！在中铁宝桥这个大家庭里，孙仲无代表着和他一样默默耕耘于一线，又有着远大抱负的中铁宝桥人。他们爱岗敬业、争创一流、与时俱进，他们甘于奉献、乐于服务、相互关爱，他们崇尚劳动、使命光荣、艰苦奋斗，是激励一代一代宝桥人奋勇前进的重要精神动力。

九、乐于助人闪耀生命和谐

“孙仲无乐于助人，是个闲不住的人。”这是工友对他的评价。每逢公司工会发放福利，孙仲无都是走在前面，主动帮大家去领。有一次，春节发放米面油，一名工友生病住院，孙仲无不顾自己年龄大，主动跑前跑后，租车将米面油送到了工友所住之处。由于小区禁止出租车进入，他更是跑了两趟，从外到里，从一楼到六楼，把米面油送到工友家里。在领导眼里，孙仲无为人本分、善良随和、人品端正、可靠踏实。

由于之前在部队的锻炼，平日孙仲无爱做美食，他很乐意将自创的菜谱分享给大家。在驻外项目部时，孙仲无一闲下来，会主动帮助后厨，因为北方人都爱吃面食，他为了让大家吃上扯面，主动放弃休息时间，早早起床和面揉面，到饭点后一根一根拉长拉均匀下入锅中。扯面是个技术活，后厨老师傅都自叹不如，每一次做面，孙仲无必须掌勺。孙仲无说：“肉臊子是扯面的灵魂，要切小，小火慢炖，只有这样熬出来的肉臊子才好吃。”由于孙仲无有这一爱好，他在项目部是人人喜欢的“美食大哥”。孙仲无喜欢这个名字，因为他喜欢看着大家吃家乡的扯面，天南海北一家人，一碗扯面，融入的是家的味道。

在妻子的眼里，孙仲无是一个喜欢安静、乐于助人、性格开朗、追求完美的人，在家里，讲求“家和万事兴”，夫妻同心。每次孙仲无遇到过不去的坎儿，妻子都会第一时间出现在他的身边，当好贤内助。在孙仲无驻扎施工现场的三年时间里，是妻子全权担负起了照顾家庭的重任。所以，现在工作之余，孙仲无喜欢宅在家里，一日三餐，全部包揽在身，让老人、妻子享受这幸福的时刻。在父母的眼里，孙仲无是一个追求上进、积极乐观的人。兄妹三人，孙仲无是最让父母放心踏实的那一个。孙仲无说：“到了我这个年龄，娘在家在，娘就是我的定心丸。”

孙仲无还说：“今天的我，离不开父母的教诲，离不开部队的锤炼，离不开家庭的支持，离不开单位的培养。生活在当下的我，很幸福！”

这就是孙仲无，这个玩命工作的“倔老头”，这个持方守正的质量“把关人”。他坚守着共产党员的初心使命，用忠诚和担当书写着中铁宝桥“玉兰”精神；用持方守正、清正公正谱写着中铁宝桥“六廉”精神；用吃苦耐劳、艰苦奋斗书写着中铁宝桥“劳模”精神；用敢于超越、勇于攀登谱写着新时代“发展”精神！从他的身上，我们看到了一种爱企如家的主人翁精神，看到了一种孜孜以求的进取精神，看到了一种精益求精的敬业精神，看到了一种敢于挑战的创新精神，更看到了新一代宝桥人勇于跨越、追求卓越的时代风采！

“长风破浪会有时，直挂云帆济沧海。”未来的中铁宝桥，将会有更多的“孙仲无”投入企业发展的浪潮当中，将继续立足高质量发展，继续加大品牌建设力度，坚持实施“科技兴企”“人才强企”战略，让“老字号”产品焕发青春，让“原字号”产品掌控核心，让“新字号”产品茁壮成长，做优做强中国钢桥梁、铁路道岔、城轨交通第一品牌，努力打造世界钢桥梁、铁路道岔、城轨交通著名品牌，引领中铁宝桥在新时代、新征程上越走越远、越飞越高！

第五篇 『85后』纪检尖兵

——中铁科工纪委副书记、『廉法』典型阎帅

第五篇 “85后”纪检尖兵

——中铁科工纪委副书记、“廉法”典型阎帅

他是“85后”，有着魁梧的身材，长着国字脸，戴着一副眼镜，不苟言笑。他留给人的第一印象是严肃正直。熟悉他的人都知道他在工作上是“拼命三郎”。

他从事纪检工作不足4年，就从“门外汉”变成纪检尖兵，主导、参与处置各类问题线索50余件，挽回经济损失100余万元。

他就是中铁科工纪委副书记阎帅，在庆祝建党百年华诞之际被湖北省国资委党委授予“国有企业优秀共产党员”称号。

习近平总书记在十九届中央纪委五次全会上强调，努力建设一支政治素质高、忠诚干净担当、专业化能力强、敢于善于斗争的纪检监察铁军。阎帅就是按照这样的标准去做的，“干工作，就要干到极致！”这是他的工作信条。

一、勤勉敬业，工作中的“追光者”

2020年11月9日，刚从井冈山结束为期一周理想信念教育培训的阎帅正式履新，成为中铁科工集团纪委执纪审查室主任。

那天，武汉是大晴天，秋高气爽，云淡风轻，下高铁回公司的路上，

DELL
中铁工业
阎

目之所及是连天的江水、粼粼的湖光，让少年生活在秦皇岛，青年工作在广东、北京等地的他感到一丝欣喜，也陷入了回忆的沉思，以往的时光如画面一样一幅幅闪现在脑海中。

小时候，阎帅爱看《小兵张嘎》《铁道游击队》《狼牙山五壮士》等爱国主义教育题材的电影。尤其对张嘎的勇敢和机智，对五壮士舍生取义的英勇行为敬佩不已。爱国主义的幼苗那时便已在他心里扎下了根。

阎帅说：“这或许就是今后忠诚担当、主持正义、奉献无悔的原因之所在吧。”这也是他看不得不正之风，看不得企业利益受损的原因所在。

高考时，他选择了法律专业。那时这并不是大家眼中的好专业，就业困难，但是他仍然义无反顾。他崇尚英雄主义，希望将来能够为民伸张正义。大一时他就当上了学生会干部，由于工作能力出色得到大家的称赞。大二时有个别学生通过吃请送礼搞关系当上了学生会干部。他的眼中容不下沙子，看不惯这种不良行为，觉得自己学的就是法律，这是对法律的一种亵渎，他难以容忍学法而不守法的现象，不愿与之为伍，愤然退出了学生会。

2009年7月大学毕业后，阎帅因实习期间表现突出被秦皇岛市山海关区人民法院聘用。在基层法院工作期间，他用心学习、虚心请教，将书本理论与法律实践相结合，很快就熟悉并掌握了书记员的业务，两年多的时间内较好地配合法官完成80多起案件的审结工作，得到法院领导和同事们的充分肯定。

基层法院工作的经历不仅夯实了他的专业基础、丰富了社会阅历，使他顺利完成了从校园走向社会的角色转变、心态转变，而且为他以后走上不同的工作岗位、适应新的环境、积极有为打下了良好的能力基础。时间虽短，但是其人生中一段宝贵的财富。

2011 年一个偶然的机缘，阎帅从地方法院进入中铁山桥集团有限公司，开始为“百年山桥”实现新发展尽心尽力。

入职伊始，他被分配到工程管理部工作。其间，他充分发挥法律专业知识和基层法院工作的一线实践优势，很快就熟悉了涉及工程项目的各种合同，了解了工程结算中的索赔与反索赔条款，帮助企业打赢了几场官司，最大限度地保护了企业的合法经济权益，促进了企业依法合规经营进程。

时光来到现在。当公交车路过武汉地标建筑武汉长江大桥时，阎帅想起了另一座举世瞩目的大桥——港珠澳大桥。伶仃洋的海水还时不时萦绕在他的梦里，那里是他在中国中铁开启建功立业的开端，也是兴企报国梦开始的地方。回想起 8 年前那段艰苦奋斗的岁月，阎帅十分感恩那段经历的点滴收获，也正是那段激情燃烧的岁月奠定了他扬起奋进风帆、匡正事业航向的重要基础。

当时，阎帅在港珠澳大桥项目工作的地方，是一个在伶仃洋上吹填出的 1000 亩人工岛——中铁山桥中山基地。天气好的时候，既可以隔海望见对面深圳改革发展的火热景象，又可以站在门吊上鸟瞰珠海唐金湾的恬静。但就是这 1000 亩的“孤岛”，建设之初，荒无人烟、野草丛生、蚊虫叮咬、交通不便、水电不通，时而狂风暴雨，时而烈日高悬，晴天一身土、雨天一身泥，与对岸的改革开放前沿深圳形成了鲜明对比。

在这“孤岛”上，阎帅与工友们一起，一切从头开始，平整工地，接水通电，搭建厂房……一干就是两年。他和工友们默默地建设着惊天动地的大工程，建造着这座世界奇迹——港珠澳大桥。

在港珠澳大桥建设的难忘岁月里，他每天出早操、负责整队，接受班前教育，亲身感受着“橙色铁军”的纪律严明、作风顽强、工作严谨。阎帅和他的工友们深知，设计使用寿命120年的港珠澳大桥容不得半点质量瑕疵，在这里，“人机物法环”每个环节都必须符合规定要求，铸造建设精品桥梁更需要安全保障，不能出现任何安全事故。正是因为在项目上近乎军事化的严苛管理，造就了他后来严肃认真、较真负责的工作态度。

在项目上，年轻的阎帅有幸与全国劳模马学利成为同事。“走啊，小阎，咱们要去检查了，今天要钻钢梁，过‘人孔’，记得戴上安全帽和手电啊！”作为中铁山桥港珠澳项目行政部的负责人，阎帅每周五下午都要与马学利一起到项目分包队伍去检查，每次检查前，马学利都会提醒他备好检查工具，作好充足准备。

从食堂的操作间到宿舍的洗漱房，从油漆的存料库到打砂涂装车间，从焊接所需的气瓶再到连接生产焊机的每一根电线，方圆1000亩的生产基地，不知被他们用脚步丈量了多少回，每次检查马学利都是认真仔细，一丝不苟，不放过任何一处安全隐患。

在一次安全检查中，马学利看见一名焊接工正在高空焊接作业，为了在4米高的箱梁边缘穿行方便，未系安全绳，马学利当即叫停了现场所有高空焊接施工。阎帅本以为马学利会教育一下，让焊接工做好个人防护措施就可以了。出乎他意料的是，马学利竟把这名工人和带班的班组长一起叫到了办公室，先是严肃认真详细讲解未做好安全防护的风险和产生的严重后果，后又讲授了如何才能全面作好个人安全防护措施，并当即在项目生产系统进行通报，给全体人员敲响安全警钟。

马学利常说：“安全无小事，看似一次小事故，轻则导致工友致残，重则夺走鲜活的生命，不但给家庭带来灭顶之灾，而且会给企业带来不小的经济损失和严重的负面影响。我们做安全工作就要抓早抓小，一旦事故发生了，什么都晚了！”这次叫停施工—教育引导—通报批评的标准化操作，给年轻的阎帅上了生动的一课，好似小题大做，实则用心良苦，原来安全工作要这么抓，才能有效防患于未然。

阎帅回忆，现在从事纪检工作，与那时在项目上的安全检查工作有异曲同工之妙，目的其实都是一样的，就是要做到预防为主，抓早抓小、教育引导、堵塞漏洞、惩戒提醒、形成闭环，确保不出安全事故，不出廉洁问题。

2013年5月，阎帅全票当选中铁山桥南方公司团支部书记，成为“孤岛”上青年工作的带头人。在履职之初，阎帅就锚定了目标——让“孤岛不孤”，让青年成为港珠澳大桥建设的主力军。他始终记得项目党工委书记王树枝在青年座谈会上的谆谆教诲：“我在临退休前到港珠澳大桥项目上工作，与大家一起艰苦奋斗，目的只有两个，一个是为企业、为国家再造一个精品工程，还有一个就是通过港珠澳大桥这个平台为企业再努力培养出一批优秀的人才。”

阎帅始终在朝着这个目标努力，决心不辜负老书记的期望。在担任团支部书记期间，他带领广大青年把项目文化活动搞得有声有色，创造性地组织开展了“中国梦·山桥梦·青年梦”——点燃激情·传递梦想活动、“南方好声音·绿岛之歌”暨迎山桥建厂120周年联欢、“绿岛讲坛”系列文化讲座等活动，受到了广大员工的热烈欢迎。特别是在2014年春节前夕，他组织策划并参演的3个节目成功登上了港珠澳大桥管理局团拜会的舞台，获得了港珠澳大桥业主、监理及兄弟单位的一致称赞。

凭借在团支部书记岗位上的出色工作和优异表现，阎帅当年就获得2013年度中国中铁股份公司“优秀团干部”和秦皇岛市“新长征突击手”等荣誉称号。

经过一年多的经营，此时的人工孤岛，四面环水，周围荷叶满塘、白鹭起舞，四季常与花鸟鱼虫为伴。夜深人静，偶有闲情逸致时，仰望星空，耳边蛙声一片，也恰似一处世外桃源，好不惬意。

回忆起那段如火如荼的青春岁月，阎帅感慨良多，正是那时候不畏艰苦、苦中作乐、善于思考、勇于创新的心态和劲头，才能有今天面对困难，敢于斗争、毫不妥协、敢打必胜的坚定信念，也才能经常创造性地总结经验方法，创新工作，迎接挑战，使命必达。

2019年，港珠澳大桥建成通车，习近平总书记出席通车仪式。阎帅从电视上欣喜地看见了昔日熟悉的工友马学利参加通车仪式的画面，让他兴奋不已。从马学利等老一辈身上，阎帅学到了严谨认真的工作态度，更领悟了他们对事业负责、对企业忠诚的责任与坚守。

从事纪检工作前，阎帅还在董监办岗位工作了3年多。2017年中铁工业重组上市。阎帅凭借一贯的优异表现，入职中铁工业董监办，负责上市公司股东大会、董事会、监事会等合规运行工作。这些工作经历，奠定了他依法合规保障企业高质量发展的思想认识和坚实的业务基础。

二、动真碰硬，精准“外科手术”治“已病”

离开工作了 4 年的北京，来到千里之外的江城，成为中国中铁的一名基层纪检干部。他将在中铁科工开始人生的又一个新航程。坐在公交车上，他一边欣赏着这座城市的风景，一边思考着在新的岗位上该如何开展工作。

（一）到岗即战斗，不惧压力，敢啃“硬骨头”

“叮叮叮”，急促的手机铃声打断了阎帅的思绪，新的城市、新的岗位迎接他的不是鲜花掌声而是一个复杂的案子。

“阎主任，刚刚收到中铁工业纪委转办的中国中铁党委巡视组下沉巡视发现的问题线索，上级要求我们在12月31日前查清涉事公司在劳务分包方面的问题，务必按期完成。”中铁科工党委副书记、纪委书记丁建强打来电话。

简单了解了一些基本情况，阎帅倒吸一口凉气：按上级要求，要在短时间内查清下属3家子公司的劳务分包问题，时间特别紧，任务特别重，涉及面特别广，再加上对企业方方面面了解得还很少，不少事还得摸着石头过河，他的心里有点犯怵。片刻犹豫后，阎帅觉得自己不能辜负上级的信任，关键时刻不能掉链子，于是下定了决心：直面困难，攻克它！

到岗即战斗！阎帅拖着行李直接到了办公室，来不及休息就直接召集执纪审查室、综合室的同志碰头，开始办案的准备工作。问到大家的纪检审查工作经验，阎帅顿时感到压力陡增，原来两个部室大都是新手，不但缺乏办案经验，甚至连谈话、记录、资料整理归档等基本功都欠缺。

为了推进核查工作顺利开展，他花费整整3天时间准备核查方案，挑选具备专业知识的成员进组，每天开始工作前向核查组成员强调工作纪律，讲授基本知识，提醒当天需要注意的事项，对需要核查的内容条分缕析，根据以往办案经验理清工作方向，制订工作方案，划定核查对象。

在阎帅的带领下，核查组成员边学边干、边干边学，经过短时间的磨合，一度被动的核查工作局面逐渐打开，核查进展更加顺畅，配合更加默契。

按照上级要求，需要查清2017年到2019年的企业劳务分包问题。但是为了挖深查清、治标治本，阎帅自我加压，主动提出要把核查时间跨度延长到2020年11月，查实查透，从根本上解决企业存在的问题。

有同事考虑到工作量太大，建议他分两步走，先把上级交办的工作完成再延伸。阎帅却态度坚决地说：“我们不仅是要完成上级交办的任务，更是要对企业健康发展负责。”既然要查就要把问题一网打尽，不留遗憾，不给以后留“尾巴”。一鼓作气，再而衰，三而竭，要咬定青山不放松，把“硬骨头”一口气啃完！

如何寻找案件突破口、查明问题？阎帅根据以往从业经历认为，应当以合同为切入口，逐个过筛子，别怕“大海捞针”。阎帅说，同一个项目既要查与上游甲方签订的合同，又要查与下游乙方签订的合同。他说，这个方法看上去挺“笨”但是“管用”，如果真管用，那就是好办法。

阎帅带领5名同志前后翻阅400余份合同，逐一比对合同签订时间、合同金额、合同内容，还查阅招投标文件、会议记录、验工计价、结算支付等材料。仅一个星期的时间，核查组翻阅的资料摞起来有近一人多高，而以前大家根本不会有这么大的劳动强度，往往是蜻蜓点水、点到即止。

翻阅梳理完这些材料，大家这才发现近几年来涉事3家子公司违规使用的劳务分包企业远远不止上级提到的8家而是34家，这一次大起底的核查，不仅摸清了关于劳务企业准入的问题，而且还发现了在选定劳务分包公司招标程序上存在不规范的问题。

让阎帅和同事们欣喜的是，这次核查工作很快引起了公司的重视，并直接推动了企业在劳务分包管理方面一系列制度的修订和完善。

（二）懂管理善执纪，面对各色人物，他有看家“三部曲”

阎帅说，如果不懂项目，不懂企业管理，那就成为不了一名优秀的纪检干部。

因为要想从成堆的材料里面找出问题线索，除了需要细致更需要敏锐，因为涉及财务、工经、生产、项目管理、劳资等众多业务板块，纪检人员需要有极强的跨专业知识背景。考虑到要查的材料太多，为了有的放矢、更有针对性，阎帅告诉核查组的同事要重点关注哪些方面、注意哪些事项。碰到他觉得可能会暴露问题的材料，而核查组的成员又没有找出问题，他还会亲自再看一遍，直到把问题“揪”出来。

有时，在一个项目、一个合同里发现了某个问题，阎帅会带头把所有的材料再“过”一遍，以期将此类问题全部“挖”出来，而这直接加重了大家的工作量。但靠着细致的“笨功夫”和敏锐的“触角”，阎帅在“乱云飞渡”中从容不迫，在千头万绪中刺破“迷雾”，抓准了“牛鼻子”。

发现了问题，还要认定事实、厘清责任，阎帅逐一谈话30人次，累计谈话时长67.5小时。然而并不是所有人都能够积极配合。谈话过程中有的人装傻，要么闭口不谈，要么就是记不清；有的人回避问题，答非所问，避重就轻，滔滔不绝说一大堆与案件无关的事情；还有人自恃领导干部身份，谈话时跷着二郎腿，态度强硬，认为自己有功无过。面对各种情况，阎帅都有自己应对的“三部曲”，逐个击破。

对于缄默不言的谈话对象，阎帅首先会密集向其提出一连串的问题，索要答案，又或者让谈话对象问自己问题，自己再作解答，形成互动式的谈话，让谈话对象在形式上参与到谈话中来；然后问一些与案件无关的问题，比如家庭生活、兴趣爱好等等，拉近彼此间的距离，让谈话对象放松戒备心理，再慢慢引导到问题事实上去，逐步让其接受并进入谈话状态；最后摆明立场，表明组织查出案件的决心，击破谈话对象观望、等待关系网出面“解围”的幻想，让其认识到唯有坦白从宽、依靠组织才有出路，从而让其主动交代问题。

对于滔滔不绝转移话题的谈话对象，阎帅并不会被其牵着鼻子走。他首先会采取以静制动的策略，充分尊重其陈述的权利，认真倾听，从中发现逻辑问题和谎言漏洞。当对方滔滔不绝时，阎帅时刻保持克制，避免争吵，但对谈话对象毫无意义的“扯闲篇”，也会找准时机，直击要害，当面驳斥。除了用语言驳斥，阎帅还通过面部表情、肢体动作，如一个眼神、一个手势，用无声的语言让谈话对象知道核查组的态度，避免“硬刚”造成混乱，从而化被动为主动，让谈话对象谈核查组想知道的事情。

趾高气扬、公然对抗的谈话对象，大多是职务级别较高、为企业作出过贡献的领导干部。刚开始从事纪检工作时，阎帅遇到了类似的情况，感到心里没底气，犹豫不决，甚至打退堂鼓，请求领导亲自谈话。“小阎，你不是以个人身份和上级领导谈话，而是代表组织，要摆正位置，放平心态，不要有心理顾虑，不要有心理压力。”时任中铁工业纪委副书记的刘军疏导他。

阎帅善于“藏锋”，也敢于“亮剑”。在谈话开始阶段，阎帅会避免和谈话对象针锋相对，以免谈话刚开始就陷入僵局，主要以劝解为主，让他知道对抗于事无补。当对方的对抗升级，阎帅会毫不客气地予以警告，从气势上压制对方的嚣张气焰，铲除谈话对象妄想的“心理优势”，避免谈话对象在后续谈话中讨价还价。同时他通过思想教育引导讲党章、讲纪律，“坦白从宽，抗拒从严”，转变谈话对象的思想意识，帮助其摆正自己的位置。最后阎帅还要求谈话对象就对抗行为进行深刻检讨，一来表明组织上查处违纪违法行为的决心，二来让其明白对抗组织审查的严重后果，从而放弃再次对抗的念头。

（三）他有一双鹰眼，蛛丝马迹逃不过他的眼睛

在一次核查谈话过程中，某单位工经部门负责人态度非常好，积极配合说出了有哪些具体项目是后补招标手续的，并主动承担了责任。在后续找到工经部分管领导核实情况时，谈话的细节与前面经办人员高度吻合，时间、项目名称等细节都记得非常清楚，把责任也划分得很清晰。凭借多年的工作经验和敏锐的洞察力，阎帅当即判断两人事先串供，企图合谋安排把责任由工经部负责人一人承担。

阎帅立即转变谈话方向，从工作职责、领导分工、项目具体建设情况入手，由浅入深，找到逻辑漏洞，问出了攻守同盟的破绽，谈出了分管领导老实交代的效果，最后经过教育引导，该分管领导主动认领了自己的责任，详细介绍了违规使用劳务分包队伍的始末，知错悔错。正是因为他胸有成竹和随机应变，使30多人次的谈话顺利完成，前期查出的问题都得到认定，责任都进行了落实，同时还举一反三，挖掘出其他问题线索2条。

核查过程中，阎帅发现所属一家单位对劳务分包准入问题，公司上下还存在着认识不到位、重视不够，上面要求紧、下面执行松等特点。且核查期间，时任的一位集团公司领导还曾在大会上说过：“对于新产业在运行初期，你们付出了很多努力，包括一些不合规的工作也是难以避免的，这也是发展的代价，你们辛苦了。”

这种是非不分、功过相抵的言论导向，必然为正在紧张有序开展的执纪审查工作带来无形的阻力。为此，阎帅提议在该单位召开一次立案宣布大会，对立案审查对象的违规违纪行为在所在党支部进行通报，拨乱反正，立规明纪。

此后，阎帅还利用党委中心组学习、党风廉政建设和反腐败工作会等平台，通报了执纪审查情况和典型案例，既晓之以理谈违规之弊，又正风肃纪倡清廉之风，让公司上下都认识到了违规不可取、违纪更不能为的利害关系。

中铁科工党委副书记、纪委书记丁建强每每谈到此，总感慨道：“阎帅干工作敢打敢拼、担当尽责、无所畏惧，只有像他这样敢于坚持原则、动真碰硬的年轻干部才能给企业带来前进的动力，中铁科工就是需要这样的纪检干部。”

到了审查处置阶段，阎帅仍然感到压力重重，劳务分包违规问题涉及人数多、点多面广，人员涵盖所属子公司领导、中层干部、项目经理和一线职工，如何准确把握、精准应用“四种形态”成了一道难题。既要精准定责，又要维护企业的稳定发展。特别是涉及要问责一些领导，来自各方面的压力都非常大。

为了不受干扰、保持独立判断力，阎帅坚持一把尺子量到底，不偏不倚，公正严明对待每一个责任人。通过多次向上级纪委请示汇报，在上级纪委和本级党委的指导支持下，阎帅严格依规依纪依法完成了审查和移送审理工作。

2020 年 12 月 30 日，经上级批准同意完成了结案。历时 52 天，阎帅带领的核查团队一举查清了中铁科工 3 家子公司 2017 年到 2020 年 11 月间在劳务分包上存在的未准入、先使用后准入、使用劳务分包企业招标不规范等问题，累计处理 43 人次，其中给予党政纪处分 6 人次，组织处理 34 人次。同时建议上级对时任领导班子分管领导追责 3 人次，下发监督建议书 1 份，为降低企业经营风险、堵塞管理漏洞、提高经营质量作出了重要贡献。

事后核查组的其他同志回想起来都觉得不可思议：一是时间紧，一开始接到这个线索的时候觉得上级要求的时间太紧张了，不延后一个月不可能办得完；二是任务重，上级转办的问题，核查范围广、时间跨度大、涉及材料多，内容复杂；三是追责多，在中铁科工纪委执纪审查工作中前所未有。处分处理的人员既有一般工作人员，又有一线项目经理，有子公司领导人员，甚至还有集团公司分管领导，上下跨度4个职级，阎帅都能精准定责，不枉纵一个责任人，也不冤枉一个好人。特别是对集团公司分管领导，阎帅也敢于向上级提出追责建议，没有考虑自身得失，没有在执纪过程中欺软怕硬，让核查组的同事见识了纪检干部应有的责任和担当。大家对此备感钦佩，心中有了榜样。

现在回想起来，阎帅说，那么大的案子他也没办过，但是多年的工作经验告诉自己，只要心静下来、稳得住，作好通盘的考虑，找准案件的内在逻辑关系，再难的事都能干完、干好。

三、忠诚干净担当，纪检工作的三个信条

阎帅也不是天生就是干纪检的。初入纪检岗位时，面对问题线索，他也曾感到无从下手、无所适从。

一次领导交代他查询某项目经理是否收受分包队伍的好处费。一开始他局限于一问一答，问题不集中，缺乏连贯性和系统性，很容易被谈话对象带偏。有时甚至不小心透露出自己掌握的证据，造成谈话障碍。经过纪委领导的提醒，再加上用心和吃苦，阎帅很快进入角色，他开始从查劳务分包合同条款入手，支付标准、天数、人数，调取用工日志，检查出勤考勤表，逐渐掌握了办案技巧，办案效率快速提升。

按照要求，国企都设有纪委（纪检组）。然而，有的企业纪委（纪检组）存在感不太强，监督下级怕丢选票，监督同级怕伤和气，监督上级怕“穿小鞋”。他在查办案件时也犹豫过，但在纪委领导的悉心疏导下很快克服了心理障碍。

作为中铁工业系统内最年轻的纪委副书记，他说只要谨记忠诚干净担当的标准，就敢于动真碰硬。从事纪检工作近 4 年的时间里，他一直信奉着 3 个信条，解决了上述这一纪检“困局”。

（一）要体现刚度，更要彰显温度

习近平总书记在十九届中央纪委五次全会上强调，要综合发挥惩治震慑、惩戒挽救、教育警醒的功效。阎帅在纪检工作中一直把“惩前毖后、治病救人”奉为圭臬，他始终认为，安全是执纪审查工作的底线，纪检工作者既要把问题查准，又要通过细心体贴的工作彰显组织的关心关爱，这突出体现在他对谈话过程中安全的关注。

他始终高度关注“走读式”谈话的安全工作，每次都会严格按要求安排至少一名固定陪送人员负责接送谈话对象，这样能让核查组第一时间发现谈话对象的异常情况，从而采取针对性的保障措施。

在谈话过程中，他注重用好雷霆霹雳和春风化雨两种方法，始终尊重事实、尊重谈话对象的人格，真心地教育挽救；坚持以理服人，讲处境、讲政策，唤醒谈话对象的党性和良知，促使其真心认错悔改。

同时他还注意以情感人，把政策攻心与真情关爱结合起来，发自内心地教育帮助谈话对象，让谈话对象感受到其所犯的错误是严重的，但是对谈话人员个人是尊重的，对他的身体状况、家庭情况也是关心的。

有一次，阎帅核查一个私设“小金库”的问题线索，谈话对象是某单位一位年长的财务部门负责人，谈话之初他的情绪非常不稳定，其间他爱人打电话质问其在哪儿，为什么不接电话。这位干部顿时气急败坏、大吼一声：“纪委找我谈话呢，别一直找我了！”然后把手机重重地往桌上一拍。

阎帅见状，就顺着这话问是怎么回事。原来组织通知其配合核查谈话时，刚好今天他们家卖房子，房子还没完成过户手续，还有很多事情需要他敲定。

于是阎帅让他及时拨回电话，一来是跟他的爱人交代好一些卖房的细节、敲定手续；二是要其安抚一下他爱人，告知只是配合组织工作，不要担心焦虑，以免造成不必要的误会。

通过换位思考和体贴关怀的角度，这位财务部长情绪逐渐平静下来，并主动交代了犯错行为，表示积极认错悔改，愿意接受组织处理。

等到谈话工作结束后，阎帅叫了他一声老哥，说：“给您提两个要求，第一是代表组织要求你今天谈话的内容必须严格保密，不得泄露，连您的爱人都不能说，这是组织的纪律要求；第二是代表个人，给老哥提个建议，回家后不能跟嫂子吵架，不能说因为你今天心情不好就找媳妇儿撒气，不能把工作上的事带回家里。”

一席话说罢，这位财务部长既感受到了组织的严格要求，又体会到了纪检干部的温暖帮助。临出门前，他给阎帅竖起来大拇指，说：“谢谢你，我很服气！”

正是因为工作细致，教育疏导到位，近4年的纪检工作时间里，阎帅从未出现过一起执纪事故，确保了办案安全。

（二）要严格执纪，首先净化自己的朋友圈

阎帅大学学习的是法学专业，毕业后也曾在基层法院工作过两年，书本的浸润、维护公平正义的实战，让法纪思维已经渗透进了他的骨子里、融入了血液中。

正人先律己，阎帅深知，从事纪检工作“监督他人更要监督自己”，一名纪检干部在工作当中要带头公正法纪、身体力行，绝不在法纪面前为利益所惑，为人情所扰。

2020年年底阎帅调任中铁科工纪委后，不少人要请他吃饭，但是他并没有赴约，为此也不经意地“得罪”了不少人。有的人认为他高傲不好接触，有的人认为他清高不给面子，林林总总，夹杂着主观的非议给本就不讨喜的纪检工作带来了更多前进的阻力。殊不知，阎帅多年来就是以这种方式净化着自己的朋友圈和生活圈，不给“围猎者”以机会。

因为接受吃请就难免别人有事相求，违反工作原则和纪律，又或者请客的人用公款报销，存在违反中央八项规定精神的风险，也助长了企业内部互相宴请的不良风气，与当下勤俭办企业的精神也不相符。

阎帅说，作为纪检人，保持“高傲”、善于拒绝很重要。在去下属公司办案过程中，他从不接受宴请，连桌饭都不吃，只吃工作餐盒饭。

有一次，一家子公司工作人员觉得上级领导下来办案很辛苦，既然不在外面吃，那就在食堂摆一桌。到了吃饭的点，阎帅来到食堂发现是桌饭后，扭头就走，并告诉子公司的工作人员，饭既然做了你们就吃吧，不能浪费，但是我不会吃，一是我不想给你们带来负担，二来这是纪律，也请你们严格执行纪律。

因为坚持原则，阎帅也失去过关系很好的朋友。在中铁工业纪委工作期间，阎帅原单位的一位关系很要好的同事突然打来电话，想找他帮点忙。这位老朋友曾经与阎帅共事过很多年，也给予过他很多帮助，一听说老朋友要请自己帮忙，他立马笑着答应，问他是什么事，听完老朋友所求后，阎帅脸上的笑意马上消失了，非常严肃地拒绝了。

原来，那位老朋友想打听关于自己上司被纪委调查的情况。阎帅对他说：“没有公布的事情必须保密，就算你关系跟我再好，我也不能透露半个字，也请你理解，我们干纪委的就怕跑风漏气。”那位老朋友听到这句话便挂了电话，认为阎帅不近人情，不谙世事，后来就再也没有了联系。

阎帅回想起来也觉得有点可惜，但是他不后悔。他说，纪检干部就是要带头清理、净化朋友圈，唯有如此，才能守住纪检干部“干净”的基准和底线。

（三）坚持原则避免“灯下黑”，不惧威胁敢于担当

早期在港珠澳大桥项目工作期间，项目部商务经理因为工作与阎帅相识，通过一些具体工作交往，觉得阎帅很优秀，对他也很赏识，后来这位经理调回总部，任职部门负责人后还想把阎帅调回机关，协助自己开展工作，但由于阎帅工作另有任用未能实现。

从事纪检工作后，有一次阎帅收到了关于反映这位领导有关问题的举报。其实，当时周围的领导和同事并不知道阎帅与这位领导的故交，但是阎帅主动向组织说明了情况，要求回避该案件的核查。阎帅说，解决“灯下黑”的问题，首要是要修心，要学会并做到慎独、慎微。

长期干纪检工作，会遇到各种各样的人。面对威胁，阎帅毫不畏惧，勇敢面对。

一次，在核查某单位一个项目经理违规违纪问题线索时，该项目经理在谈话时云淡风轻地对阎帅说：“我们是老乡，你家在哪条街哪条巷，家里有几口人，我都知道，你现在是住在单位的单身楼宿舍吧。”面对这种“提醒”，阎帅无所畏惧，通过层层抽丝剥茧，最终打破了坚冰，

让违规违纪者得到应有的惩戒。

在谈到是否后怕时，他说：“我当然担心我的家人受到伤害，但是企业也是我的家，我也不允许任何人伤害它、啃噬它。如果我碰到刺头就往回缩，那就是对组织不负责，你犯了错，给企业造成了损失，那我得查清楚了，这是原则性的问题。”

不仅如此，阎帅能够始终严格遵守党纪条规和企业规章制度，以坚定的政治定力和政治立场，自觉抵制歪风邪气，能够正确处理好公和私、义和利、是和非、苦和乐的关系，切实做到修身慎行、怀德自重，以实际行动为干部职工作出表率，始终注意营造崇廉尚实的良好风气。

工作以来，阎帅也多次拒绝了家里亲戚的请托，拒绝利用手中权力来照顾一些关系。阎帅常说：“组织和领导培养我多年，赋予我一些权力，那是为企业和职工群众办事用的，不是给自己和家人提供方便用的，没有了原则，我还怎么开展纪检工作。”

四、育廉养廉，全面“望闻问切”治“未病”

“千难万险浑不怕，修外炼内真金现。”2013 年的一天，面对浩渺的伶仃洋，阎帅在中铁山桥港珠澳大桥项目部写下这句诗，而这句诗可以说就是阎帅 10 多年成长的写照。

4 年的法学专业学习，奠定了阎帅的专业基础，同时也种下了法治精神的种子，植下“学法报国”的信念，坚定了他懂法知纪、恪守法纪、执纪严明的职业追求。而毕业后在基层法院民事审判庭的工作经历，让他更深刻地体会到“公平法治”对经济社会生活的重要意义。

“上医治未病”，从事纪检工作后，阎帅越发感觉到“打预防针”

的重要作用，只有从思想上提高干部职工遵规守纪、防腐拒变、担当有为的意识，才能最大限度避免问题的产生。

（一）文化浸润，培育廉洁底色

走进中铁科工“六廉”工作室，最引人瞩目的是一列多米诺骨牌矩阵，第一块是“初心”，接下来是事业、前程、荣誉、亲情、生活等。有的党员第一次看见很不解，这些牌牌放在那儿是干啥用的？阎帅笑了笑没说话，推倒了第一块“初心”牌，后面其他的骨牌接连倒下。“没了初心和理想，前程、荣誉、亲情都会失去，这就是初心和理想的价值所在！”很多受邀参观“六廉”工作室的各级领导和社会知名人士对这一创意赞叹不已。

2020年8月，中铁工业党委、纪委发布了“守正创新，六廉兴企”廉洁文化理念实施方案。为了让“廉善、廉能、廉敬、廉正、廉法、廉辨”理念内化于干部员工的心里，阎帅在遵循中铁工业统一标识和统一规划下，突出了中铁科工特色，设计制作了“六廉”笔筒、鼠标垫等文创用品。

为了营造浓厚的崇廉、爱廉氛围，在阎帅的建议下，公司在4部电梯内设置了“六廉”衣冠镜，员工随时注意自己的衣着等礼仪形象，党员佩戴党徽亮明身份。他亲自设计了“六廉”宣传海报，组织开展了廉洁书画作品征集、廉洁家书征集活动，把廉洁文化的种子播撒在全体员工的心中，并延伸到员工家庭里。

为了充分发挥业务交流和教化育人功能，建好廉洁教育阵地，纪委组织多批次党员干部走进“六廉”工作室，以组织生活会、廉洁谈话、业务学习等方式开展特色廉洁活动，近200人次接受廉洁教育。为了加强纪检队伍培训，阎帅先后参与编写了中铁工业纪委《典型案例及突出问题警示教育录》等多部纪检专业教材，通过集中学习、结对帮扶、以会代训、以干代训、以讲促学等方式，深入开展“勤学习、补短板、促提升”工作，不断提升纪检干部的业务水平。

阎帅以“清廉家风 廉洁从业”为主题，组织开展了中铁科工“助廉家书寄语”活动，收集了家书寄语 166 份，制作了《廉洁家书、寄语集》，鼓励弘扬家文化、传递清廉好家风，加深员工和家属对“六廉”文化的认同和共鸣。他和同事一起将“六廉”文化向党员干部家属和供应商传导，共发放助廉贺卡、倡议书 427 份；强化对党员干部 8 小时之外的监督，规范了“六廉”监督员的组织管理、聘任、工作职责、考核与待遇，指导所属单位聘用了“六廉”监督员 42 名。

阎帅还主持制作了中铁科工“六廉”文化选集，规范“六廉”文化应用场景、传播形式；组织开展的“新年廉洁第一课”被中央纪委国家监委网站刊发报道，2021 年以来征集各类廉洁文化作品 314 份，组织两级党员干部层层开展廉洁谈话 328 人次，签订廉洁从业承诺书 245 份，组织两级党员干部观看各类警示教育片 1502 人次，通报典型警示案例 48 起；组织 40 名党员干部参观湖北省党风政风警示教育基地，并将撰写的 40 份心得感悟分 5 期在中铁科工企业微信刊发，传递颂扬廉洁从业体会感悟。

（二）查漏补缺，构筑廉洁防线

对待工作，阎帅始终以党员先锋模范的标准要求自己，对待组织交办的任务不讲条件、不讲客观、坚决服从、加班加点、担当奉献、努力办好。特别是调入中铁科工后，积极投身基层纪检工作，着力将在中铁工业纪委积累的好经验、好传统、好作风带到基层来，助力中铁科工纪检工作求实效、上水平。

“要注意以情感人，谈话也是谈心，要把政策攻心与真情关爱结合起来，发自内心的教育帮助谈话对象……”阎帅把这句凝结着自己工作阅历和经验的话，郑重地写进《如何做好谈话安全工作》。今年以来，中铁工业党委、纪委组织开展“六廉”大讲堂活动，组织两级纪检巡察人员开展业务研讨，集中创作100集涵盖该企业纪检巡察全业务实操流程的视频课程。

2021年4月份，阎帅参加了业务课题研讨，并完成了《如何把握谈话对象状态，打开谈话局面》《如何做好谈话函询》等十几个业务课题的内容撰写。对于每一条脚本的撰写，阎帅不仅查阅各种资料，还结合自己工作实际，总结提炼，让脚本既符合政策法规，又贴近实际；既全面严谨到位，又通俗易懂。阎帅撰写的脚本受到了领导和同事的好评，多条脚本被大家当成范本参考。

作为工作上的有心人，阎帅在工作中既注重方法，又注重实效。他注重教育引导，坚持驰而不息抓监督，把从严教育管理体现在日常。结合实际有针对性地撰写了《强业务 守规矩 重廉洁 推动国际营销工作高质量发展》等警示教育材料，主动将廉洁教育嵌入营销工作和干部人事工作的教育培训中；组织领导干部和关键领域、重要岗位人员开展廉洁从业公开承诺，撰写的活动信息被中铁工业纪委收录并作为纪检信息全文刊发。

他立足执纪审查实际，坚持“一案一总结”“一案一通报”，以案明纪撰写执纪审查情况和典型案例通报，在党委中心组学习会以及党风廉政建设和反腐败工作会暨警示教育大会上予以通报，积极推进营造企业“三不腐”氛围。

在工作中，阎帅善于靠制度来解难题、管根本、谋长远。在组织安排部署下，阎帅先后起草了《中铁工业管理人员涉嫌职务违法或职务犯罪的处置规定》等制度文件，积极构建两级纪检组织党风廉政建设和反腐败工作制度体系，不断扎紧“不能腐”的制度笼子。

（三）监督不辍，强化工作作风

强化政治监督。阎帅建立健全了中铁科工纪委落实习近平总书记重要指示批示精神和党中央重大决策部署等政治监督检查台账，监督党委压紧压实主体责任。特别是针对监督推动落实习近平总书记“三个转变”重要指示精神工作，建立周监督机制，常态化对战略规划部等主责部门进行监督检查，形成情况报告在一定范围通报，推进主责部门压实责任，推进工作。

做实做细日常监督与再监督。他紧盯重大节日、重要时间节点，带队对公司公务用车使用情况、内部食堂封存等情况进行了多频次的监督检查。

2021 年端午节前一天，按照惯例所有公车都要贴封条封存车库，但是到了当天晚上 6 点钟，公车因公务接待尚未归库。阎帅怕其中有蹊跷，一直等待，直到晚上 10 点钟回来。司机电话报告后，阎帅拿起封条亲自贴上。司机感慨地说：“我们接送站，经常是等别人，今天我享受了一把被等待的感觉。”

在监督过程中，他敢于让部门“红脸”“出汗”，针对监督发现的机关劳动纪律、会风会纪、后勤食堂管理等有关问题，先后向科技生产部、人力资源部、后勤管理分公司下达《监督建议书》，针对执纪审查发现的党费收缴使用管理有关问题向机关党委下达《纪律检查建议书》，督促问题整改，堵塞管理漏洞盲区，完善体制机制，促进管理提升。

有同事善意提醒阎帅，通报问题时多少给大家一点面子，模糊处理一下，只说问题不提具体部门和人员，毕竟年底中层干部考评，别人还要给你打分呢。阎帅说：“如果靠‘技巧’才能得到好评，这样的好评又有什么意义呢？企业发展好了，我个人拿不到优秀又有什么关系呢？”

紧盯问题整改，阎帅带领纪委同事持续作好巡视巡察整改、违规挂靠国资问题等专项监督。制定了《中铁科工巡视巡察问题整改监督工作办法》，规范监督工作方式与程序，组织召开专题会议，传达巡视巡察反馈会议精神，对照上级巡视、巡察反馈的102项问题逐项研究监督检查措施，进一步明确监督节点任务和整改责任人。

特别是针对上级巡视反馈的问题，坚持每周对后勤管理分公司有关问题整改情况开展常态化监督检查，建立专项监督工作台账，对监督检查情况进行了通报。

2021年7月在中铁科工第三季度纪委书记例会上，阎帅将违规挂靠专项整治监督作为第三季度重要工作进行了安排部署，要求各单位纪委结合排查情况深入开展监督检查。8月份，他担任中铁科工违规挂靠专项巡察组副组长，一以贯之开展专项巡察工作，先后对战略规划部相关责任部门进行了专项监督。

阎帅还总结出了监督的“循环工作法”，定期对已监督事项，特别是下发了监督建议书的整改事项开展“回头看”，查看各部门、各系统是否整改到位，对职能部门监督事项及时开展再监督，监督推进“一岗双责”贯彻落实，监督既求时效，又求实效，事必形成闭环，确保监督效果，循环往复，推动企业各项工作不断取得进步。

（四）善为人师，锻炼纪检铁军

“阎帅悟性高，进入角色快，工作标准高，具有强烈的事业心和责任感，能够立足岗位干在先，关键时刻冲在前，能够认真负责地对待每一项工作。”这是阎帅的老领导刘军对他的评价。

阎帅始终以改进工作作风、改进工作方法、注重工作效率、提高工作质量为目标来履职尽责，始终保持蓬勃向上的工作劲头和精神状态，较好地完成了各项工作任务。

对于自己在工作中总结的好办法、好经验，阎帅从不“藏着、掖着”，在他看来，独行快、众行远，只有锻造一支业务素养高、作风优良、能打胜仗的铁军队伍，纪检事业才能做得更好。有人开玩笑地提醒他：“教会徒弟，饿死师傅。”阎帅打趣说道：“要是能带出好徒弟，‘死’也能‘瞑目’。”

调入中铁科工集团后，他发现公司纪检系统人员新、业务基础薄弱，于是投入大量精力打造适应工作需要的纪检队伍。先是编教材，把自己的经验、书本上最新的知识毫无保留地拿出来供大家学习，还亲自撰写脚本、录制反映业务实操流程的视频，为大家提供补齐能力短板的重要渠道。

阎帅总结出了“以干促训”工作法，中铁科工集团纪委结合各单位纪检干部队伍情况，每季度抽调基层纪检干部参与中铁科工集团纪委综合业务、专项监督检查、执纪审查等业务工作，实行跟班学习制度，做实政治历练、实践锻炼、专业训练，跟班学习时间原则上为一周，如有特殊情况可适当延长。

2021 年以来先后抽调 12 人次到集团公司纪委锻炼，阎帅不仅告诉大家应该如何做，发现纪检干部没有完全领会的时候，他更会手把手教，说清道理与内在逻辑，让大家知其然更知其所以然。

董平华是中铁科工集团所属机械院的纪委书记，2020年从科研技术岗位转岗，缺乏纪检工作业务知识和实战经验。2021年3月份，阎帅开始有计划地培养提高董平华的纪检工作能力，从线索受理到排查处置，从制订初核方案到取证谈话，从撰写初核报告到立案审查，董平华的每一个问题都能够得到阎帅细心翔实的讲解，每一个办案方法技巧都得益于阎帅的言传身教。

董平华感慨道，是阎副书记的认真负责影响了他，坚定了他干好纪检工作的信心和底气，更教会了他能够胜任纪检工作的能力。如今董平华已经被抽调办理了多起案件，他的执纪审查工作水平也在实践中不断得到锻炼提升。

“以讲促学”工作法。阎帅在日常工作中充分利用集中研讨学习、专题培训会、廉洁党课、专题辅导讲座等机会，为两级纪检干部搭建学习成果和经验向实践转换的平台，鼓励全体纪检干部“上讲台”，结合自身学习情况，亲自撰写讲课教案、制作多媒体课件，轮流“上讲台”，促使全体纪检干部通过上讲台前的“研”、上讲台时的“讲”、上讲台后的“用”，将中铁科工纪检组织建设成为深度学习型组织和成长共同体。

“结对帮扶”工作法。在阎帅的建议下，中铁科工纪委结合工作实际，为各基层纪检组织明确至少1名纪检干部点对点联系，对各单位日常工作、学习中遇到的困难和问题答疑解惑。两级纪检组织结合实际，对青年纪检干部大力开展认知阶段（从事纪检工作不满1年）、成长阶段（从事纪检工作1～3年）、蜕变阶段（从事纪检工作3～5年）3个阶段的一对一结对帮扶活动，为每名纪检干部指定1名导师，签订《导师带徒协议》，根据不同阶段制定具体的《导师带徒计划》，每半年要进行考核评价，导师带徒期满要进行综合评价，通过一对一结对帮扶的方式，进行定期目标化培养。

对此，纪检干部彭智深有体会：“以前我只能算纪检岗位上的‘小白’，工作总是浮于表面，对如何办案、如何监督一知半解，理解不精不深，自从阎副书记来了之后，一切都变了，在他的带领下，我不仅学深悟透了很多纪检业务知识，更通过实战锻炼，熟练掌握了监督执纪的诸多技巧和方法，如今我也能够带领其他同事开展监督和执纪审查工作了。在纪检工作岗位上，我的能力提高了，也比以前更自信了。”

2021 年，彭智季度考核连续被评为优秀，“七一”前夕还被评为中铁科工优秀共产党员。阎帅说：“对系统部门的业绩考核要奖罚分明，大家用业绩说事，形成正确的业绩评价导向。不搞平均主义，不搞大锅饭和轮流坐庄。只要你一直足够优秀，你可以一直获评先进。”

实践出真知！中铁科工的纪检队伍得到有效锻炼，办案效率、办案质量都有了明显提高，企业的依法合规意识明显提升，企业的正能量得到彰显。阎帅因为表现优秀、能力突出，经常被上级纪委抽调办案，上级转办的案件较以前也大幅增加。

阎帅说：“这是上级对我的信任，我必须加倍努力，不辜负领导的期望！”同时，阎帅也经常带着中铁科工的纪检干部参与其中，让纪检干部在实战中快速提高工作能力。

2021 年 7 月，阎帅被抽调担任中铁工业政治监督检查暨执纪审查工作组第三组组长，带队赴中铁钢构、中铁工服、西南分公司开展执纪审查和政治监督工作，较好地完成了上级交办的工作任务。特别是在 7 月 20 日南京禄口机场疫情暴发后，第一时间组织检查组成员进行核酸检测，主动向成都、武汉地方和公司报备经由疫区行程情况，坚持主动隔离，严格遵守防疫要求，严控疫情传播风险，确保了检查组成员人身安全。

回到武汉后，阎帅感慨道：“上级任命我为工作组组长，带领同志们出差，首先就是要高质量完成上级交办的任务，同时疫情来了，我也要组织大家作好防疫，要把大家健康地带回去，这也是我的责任！”

在中国纪检监察学院北戴河校区培训期间，有一天晚上阎帅突然接到领导的电话，让他代表中铁工业纪委作主题发言。阎帅有些懵，因为他觉得自己资历浅，比自己经验丰富的纪检干部还很多。领导告诉他：“你是年轻干部的代表，展现的是中铁工业纪检人的朝气，要有信心。”发言当天，阎帅带着自信站上讲台，介绍了工业纪委开展的“学规矩、守规矩、讲规矩”主题实践活动和“导师带徒”工作，获得与会领导一致好评。

在2021年7月中铁工业纪检人员理想信念教育暨执纪审查业务的培训期间，他作为第三组组长组织开展研讨，撰写交流了《初核工作中存在的不足和误区，以及如何做好初步核实工作》的研讨成果。有学员说，听阎帅的课，必须记得飞快，少记录一句话都感觉亏。有位同事私下说，从他对纪委工作的认识来看，不像“85后”，像是在纪检战线上工作了几十年的老同志。

五、甘于奉献，俯身“耕田种地”做“愚公”

阎帅说：“把组织交给的任务办好，就是对党负责，对企业负责。除了工作，除了和家人视频通话，我不知道自己还有什么爱好，工作几乎就是我的全部。我的工作标准是干到极致，一旦工作起来，就会全身心地投入进去。”

（一）听组织的话，到需要他的地方去

“两心牵挂倾情见，青丝万千自相连。”这是阎帅 2012 年来到中铁山桥工作，从秦皇岛家里前往广东中山港珠澳大桥项目工地的路上写下的，对家人的依依不舍可见一斑。

可是，好男儿志在四方。作为项目筹建“先头部队”，当时 26 岁的阎帅，从整理场地、筹建办公房、与地方联系架接自来水管等琐碎事务开始，不懂就问，逐步熟悉，然后工作干得井井有条。

他担任项目部生产部副部长，协调破解了钢梁“大节段”下胎转运的生产难题；他兼任团支部书记，组织多期《绿岛讲堂》，活跃员工的业余生活，让“孤岛不孤”，热闹起来。

在中铁山桥公司办公室，他加深了对企业管理、发展规划等方面的了解。在中铁工业董事会（监事会）办公室，他对依法合规有了更深刻的认识。

为了充实基层的纪检力量，中铁工业党委将阎帅调到了位于武汉的中铁科工集团。当时有人很不解，觉得北京发展机遇多，工资也高，他为何甘心到子公司去。

对此，阎帅有过回应，他说：“升官发财不是我所追求的，能为党的事业效劳，践行纪检干部的使命，维护企业的利益，我感到值。企业哪里需要我，我就义无反顾地战斗在哪里！不讲条件，毫无怨言！”

（二）尽职尽责，为践初心甘于吃苦

作为一个外乡人，来到武汉后阎帅遇到的大难题还有住房问题。原来，因为近两年企业发展速度快，新招的应届生较多，公司的职工宿舍非常紧张，在他到岗的时候只剩一间平日堆放杂物的小房间，面积不足8平方米，连灯都是摇摇欲坠的，更别说空调、热水器之类的了。

为了让阎帅有个好的生活环境，公司后勤提出为他在外面租房子，公司提供一些住房补贴。阎帅婉拒了后勤的好意，他说，宿舍离办公楼近方便自己工作，自己在港珠澳大桥项目工地上工作的时候，项目运行之初，生产基地上没通车、没通水，也没通网，住在民工搭建的板房里，环境比这艰苦多了，现在还有宿舍住，挺好的，没关系。

每一位同阎帅一起参与处置过问题线索的纪检同志，都会对他“拼命三郎”的干劲记忆犹新。他办案的时候，经常中午送来的盒饭顾不上吃，为的是工作的连贯性，怕中断了节奏与写作的灵感，等到他开始吃的时候，饭菜都早已冰凉了。因为大家白天查阅资料、开展谈话，晚上还得加班整理材料。有时一个组的同志都是新手，经验不足，整理材料的效率比较低，等不及的他总是“抢”过任务，自己晚上加班整理，经常忙到凌晨一两点。

据阎帅的同事讲，他们曾经一起到某单位查办一起案件，两天的时间，阎帅要提前准备取证清单、问题清单、谈话提纲，还要做好谈话记录，谈话后整理好当天记录，还要统筹做好执纪安全工作，做好当事人谈话后的陪送交接，提前筹划第二天的工作等。那次两天的核查工作，他忙到两天只吃了两顿早饭，身体像粘在沙发上了一样，等到谈完话他起身舒展下身体的时候，同事发现他在沙发上竟然坐出了两个窝，而且无法自动恢复。同事笑谈：“这不仅是靠着坚持把违规违纪对象打败了，也把沙发坐服了。”

其实，阎帅也不是铁打的，他也有虚弱的时候。这个案子查办后，他回到家身体就挺不住生病住院了。由于连日的高强度工作和身体透支，他这一病就是近半个月。他说他还从来没有感到如此虚弱的时候。

（三）为了“大家庭”，成为“云老公”

背井离乡是阎帅10多年来工作中的常态。当年他结婚仅度过几天“蜜月”，就因为港珠澳大桥工期太紧张返回施工现场。与爱人结婚9年多，7年多时间两地分离，爱人每每说起，总是会无奈地笑着说自己嫁了个“云老公”。

阎帅是秦皇岛人，以前在北京工作，因为距离近，隔一段时间还能回家看看。来武汉后，山高水远，路途漫长，回家一趟路上就要耗费两个白天，他基本上过三四个月才会回去一趟。

孩子从3岁开始，与爸爸常态化的沟通交流方式是通过视频和打电话进行，以解彼此思念之苦。有时候孩子忍不住思念，开着视频就哭着问爸爸什么时候回来，总会让阎帅心酸好一阵子。

有一次视频通话时，孩子突然说：“爸爸，你为什么和妈妈离婚？”阎帅很是诧异：“儿子，你为什么说爸爸和妈妈离婚了？”孩子回答：“你为什么经常不回家？别人家的父母为啥都能每天在一起？”阎帅不知道该如何回答，只能说：“因为爸爸要在外地工作，不能经常回家看你、陪你玩，但是爸爸妈妈没有离婚，爸爸妈妈都爱你！”挂断电话，他的心情久久难以平静。

阎帅和妻子都是家里的独生子女。孩子的接送、教育、作业辅导他都无法尽到父亲的职责，无法见证孩子的成长。2020年年底，在办理劳务分包案白热化的阶段，阎帅的孩子生病住院半个月，但他却没时间回家看一眼，最后还是他爱人请了半个月假守在医院。

随着父母年纪增长，有时候身体难免会出现一些状况，甚至生病住院，但是阎帅却经常没办法赶回家去医院陪护。

2021年7月，阎帅去成都出差，受疫情影响在当地隔离。当时父亲眼睛发病，视力模糊，每天由母亲照顾起居；岳母身体不适住院检查，需要家人照顾；而此时孩子因病毒性感染发烧住院。上有老、下有小的家庭重担落在妻子瘦弱的肩上。

阎帅后来回忆，当时家里乱成一锅粥，妻子忙得几乎崩溃，而自己却无能为力！那段时间是他最难熬的日子。但在为企业尽忠和为父母尽孝之间，阎帅毫不犹豫地选择了前者。

随着阎帅的到来，中铁科工集团正在悄然发生变化，大家明显感觉管理更加规范了、作风更加扎实了、干工作更加有紧迫感了，而这些变化也推进着企业沿着高质量发展的路径快速发展。2021年5月，中铁科工集团获得全国五一劳动奖状。领导在内部会议上说，这块奖牌是全体员工不懈奋斗的成果，更是纪委驰而不息地鞭策结出的硕果。

阎帅说，那一刻，他觉得工作上不管多苦多累，付出很有价值，奋斗很有意义，心里感到很幸福。

第六篇　『红桥』精神的传承者　百年山桥的逐梦人

——中铁山桥钢结构研究院焊接室主任、『廉辨』典型徐向军

第六篇　“红桥”精神的传承者
百年山桥的逐梦人

——中铁山桥钢结构研究院焊接室主任、“廉辨”典型徐向军

引子

八道彩虹横跨官厅水库清澈的水面，长龙卧波，蔚然壮观。

官厅水库特大桥是京张高铁全线关键控制性工程之一，是我国首座时速 350 千米高速铁路钢桁梁铁路桥，也是 2022 年北京冬奥会的配套项目工程。这座大桥的全部钢梁由中铁山桥生产制造完成。

2019 年 12 月 30 日，在京张高铁开通之际，习近平总书记作出重要指示。他指出，1909 年，京张铁路建成；2019 年，京张高铁通车。从自主设计修建零的突破到世界最先进水平，从时速 35 千米到 350 千米，京张线见证了中国铁路的发展，也见证了中国综合国力的飞跃。回望百年历史，更觉京张高铁意义重大。

中铁山桥作为国内唯一一家同时参建两条京张线的百年企业，见证了习近平总书记指示中的发展历程。作为新时代京张铁路重要的参与者，中铁山桥钢结构研究院焊接室主任、首席专家徐向军更是感到

2021年科技活动周暨首届秦皇岛科技节
正式启动
荣誉证书

无上荣光，因为他主持参与的焊接技术在官厅水库特大桥上的应用，喜获全国优秀焊接工程一等奖。

中铁山桥是我们党成立初期，党领导工人运动的发祥地之一。99年前的初秋，从嘉兴红船走下来的王尽美引领着两名山海关铁工厂（中铁山桥前身）的进步工人，面对鲜红的旗帜庄严地举起了右拳。从那一刻起，红色基因就深深根植在秦皇岛这片古老的土地里；从那一刻起，“红桥”这个热烈而光明的名字，便与中铁山桥相伴左右。而“领路先行，尽善尽美”的“红桥”精神，也引领着一代又一代中铁山桥人薪火相传，生生不息。

山之所以与海携手，是缘于“关”的伟岸，这才成就了“一夫当关，万夫莫开”的霸气！古老的山海关，七百年丰厚历史，足以让世人洞悉什么是沧桑古韵，什么是古色古香。以“传承民族工业血脉，打造中国制造品牌”为己任的百年“老字号”——中铁山桥，就坐落在山的巍峨与海的浩瀚之间，与天下第一关比肩而立，遥遥相望，相互阅读并欣赏着。白驹过隙，不经意就是百年！七百年城楼风采依旧，一百年山桥沧海桑田！在历经两个甲子千难万险，跨越三个世纪风云变幻后，中铁山桥紧随时代步伐，昂首迈进了 21 世纪的第三个十年。经历一次次化茧成蝶、一次次凤凰涅槃后，百年“老字号”不仅屹立百年不倒，而且更加光彩夺目。

“中国钢桥的摇篮，铁路道岔的故乡”的赞誉，对中铁山桥来说，当之无愧，实至名归。钢桥和道岔正是它的两大拳头产品，一个每有佳绩，一个是屡创辉煌。钢桥和道岔作为中铁山桥两大支柱产业，127年来，在中国广袤的大地上，创造过一个又一个的中国奇迹，树立起一个又一个中国骄傲。从百年前生产制造出中国第一座钢桥、第一组道岔之日起，中铁山桥集团已制造各式桥梁3200余座，实现了35次跨越长江、20次飞越黄河、15次横跨海湾的壮举；生产各类道岔制品超过30万组，纵横天南地北，独霸半壁江山。中铁山桥用一项项“中国制造”和“世界第一”见证着中国交通建设波澜壮阔的发展历程。

一、从红色血脉中汲取奋进向上的力量

2021年6月一个晴朗的早晨，在中铁山桥红桥文化广场，近百名排列整齐的中铁山桥员工，神情庄严地站在党的一大代表、中国共产党创始人之一、中铁工业党组织的缔造者王尽美塑像前，庄严地举起右拳，在全国劳模曲岩的带领下，重温入党誓词。队伍中间一位戴着近视眼镜、身材高大的员工格外引人注目，白发如雪成了他与别人最大的区别。这个人就是徐向军。其实他才刚刚48岁，远没有到头发全白的年纪，有人猜测他是少白头，其实，若干年前他还是一个一头黑发的帅小伙儿，但自从他担任焊接室主任一职后，霜花就渐渐飘满了他的头顶……

徐向军每天上下班，都会从山桥红桥文化广场前经过，王尽美的半身塑像正好面对马路。每次经过，他仿佛都能感觉王尽美深邃坚毅的目光正注视着自己。那里面有鼓励，有赞许，更有期待。王尽美在中铁山桥建立了冀东地区第一个党组织，徐向军作为一名共产党员，常常思考自己该如何做，才能不辜负革命先辈的期望，把红色基因传承下去呢？听党的话，永远跟党走，脚踏实地，和众多的奋斗者一起，续写中铁山桥的不老神话！

作为一个部门的领导，一个团队的带头人，二十五年如一日，慎

终如始，始终如一，坚守在焊接技术研究的第一线。

在 1992 年考入大连铁道学院（现大连交通大学）之前，徐向军一直生活在碣石山脚下，他是喝着清澈的滦河水长大的。徐向军的父亲曾经是一名解放军战士，在解放战争中英勇无畏。在一次战斗中光荣负伤，致残后不得不选择退役回乡务农。虽然伤残在身，却一直担任村干部的工作。父亲虽然脱下了军装，却无法了却萦绕在心头的军人情结。所以，他在给自己最小的儿子取名时，毫不犹豫地选择了“向军”二字。这里面既有父亲对戎马生涯的怀念，更有对儿子未来的期望。在徐向军心里，父亲是他人生的第一个偶像。父亲的不怕牺牲、勇于担当精神，在潜移默化中影响着他的世界观、人生观、价值观。

1996 年夏天，徐向军以优异成绩从大连铁道学院毕业，在选择毕业方向时，徐向军毫不犹豫地选择了向往已久的企业——山海关桥梁厂（现中铁山桥集团）。无论是驰名遐迩的七百年古城山海关，还是一百年蜚声海外的著名企业中铁山桥，对徐向军都有着极大的吸引力。

徐向军出生于红色家庭，大学毕业后选择的企业又是有着纯正红色基因的中铁山桥，有这样的家庭熏陶，选择这样的企业去发展，对于徐向军来说何其幸运。父亲是一名德高望重的老共产党员，老人的言传身教，犹如春风化雨，润物无声，在潜移默化中影响着徐向军的人生方向。他所在的中铁山桥澎湃的红色血脉，更激发和坚定了他担当奉献的家国情怀和在追求梦想的苍穹上展翅高飞的信念。

徐向军从大连铁道学院毕业，很快被分配到了钢结构分厂技术科焊接室工作。专业对口，让徐向军很是开心，有什么能比从事自己喜欢的对口专业工作，更能让人心动的呢？因为热爱，所以执着；因为执着，才会脱颖而出。三年时间，在人生道路上很短，徐向军却在这很短的时间内，完成了从实习生、助理工程师、到焊接室主任的转变。徐向军可谓一帆风顺，但其实这背后用来支撑这个“一帆风顺”的付出，却是强烈的责任意识、勇敢的担当精神和无怨无悔的无私奉献。

1999年11月，对徐向军来说，是一次人生转折。正是这次转折，让他更坚定了在钢桥焊接技术研究的道路上一直走下去的决心。但他没有想到，这条路的最初几步会走得那么坎坷、那样艰难。

技术科焊接室工作重点是桥梁钢试验研究和焊接工艺研究，并编制各项目的焊接工艺，以及大生产过程中问题的解决指导。2000年，几乎是中铁山桥桥梁制造的一个转折点。在之前，山桥生产的桥梁结构相对简单，以铁路桥梁为主，生产任务较少，材料相对单一，基本上是16Mnq钢板。但从2000年以后，中铁山桥的钢桥梁生产，已经不仅仅满足于铁路桥梁，而是铁路公路桥梁比翼齐飞。因此，无论是桥梁结构复杂程度、使用范围、制造难度，还是新材料的广泛应用，都有了跨越式递进，钢材强度等级从Q345、Q370级别发展到Q420、Q500级别，不仅仅限于低合金桥梁钢，还有耐候桥梁钢、复合板桥梁钢等，承接的桥梁业务量越来越多，年产量增长近3倍。所以，此时接任焊接室主任一职，对他技术能力、领导水平和团队整体实力无疑都是一次严峻的大考。

二、跌倒后坚强奋起，脚步才能越走越铿锵

徐向军说，没担任主任时，感觉也没遇到什么特别难以解决的问题，但接任主任之后，在几个从来没有遇到的问题上，却接连栽了好几个跟头。

1999年，秦沈客运专线正式开工建设，中铁山桥承担了全部桥梁和道岔的制造任务。在生产专线桥梁时，大板梁主角焊缝熔透焊出现问题，当时采用了双面坡口、留6毫米钝边、不清根、埋弧焊的传统工艺方式。焊接试验时全部通过，完全没有问题，但到了车间焊接30米长的工形梁主角焊缝时，问题就出现了，根部焊接熔透不足，超声波探伤达不到I级焊缝质量要求，却始终找不到产生这个问题的原因。为了找到问题的症结所在，徐向军连续几天坚守在现场，收集数据，进行理化分析，观摩焊接效果，反复改进工艺，最后终于通过采用减小钝边为2毫米、气体保护焊打底的工艺，才算把这个难关闯了过去。

任何成长的过程，都不可能一帆风顺。

第二个跟头，出现在第一次生产国外桥梁的制造过程中。

2000年以后，在国内市场取得长足发展的中铁山桥睿智地把开拓的眼光瞄向了欧洲市场。

中铁山桥承建了塞尔维亚的萨瓦桥，建设在塞尔维亚贝尔格莱德萨瓦河上，这是中铁山桥第一座自行完成全桥细部设计的大型海外桥梁工程，全部采用欧洲标准制造。由于这是第一次自行完成全桥细部设计并按照欧洲标准制造，中铁山桥在经验上存在着明显的不足。如针对设计所采用正火S355钢板，没有意识到按照欧洲标准执行，碳含量范围很宽的问题，没有优化钢板采购技术要求。钢板生产厂家为了保证钢板的强度，在碳含量上常常采用行业标准中的上限，虽然也符合标准要求，但应用在桥梁结构焊接上，效果却并不令人满意。

此时，刚刚过完春节，北方三月的天气依然没有春天的迹象。钢梁生产现场的试装正在紧张有序地进行，公司技术人员、业主和第三方代表全都在现场观摩。为了检测两个钢箱梁试拼装质量，工人们将试装钢箱梁按照设计线型进行拼接。在拼接过程中，第三方代表率先发现了问题，目视看到焊缝好像出现裂痕。经过磁粉探伤检测，确认钢箱梁焊缝确实出现了裂纹。经过对其他焊接处增加无损检测，也有多处焊缝出现开裂现象。

徐向军回忆说，当时中铁山桥在场的所有人员都彻底傻了，完全解释不了为什么会出现如此现象。按说，因为是国际产品，所以无论是公司领导还是员工，都会格外重视质量。毕竟监理方检查起来方方面面十分仔细到位，不可能让出现裂缝的工件过关。为了查找到出现裂缝的原因，公司领导马上安排相关人员进行多方试验，为了验证的准确性，还特意找到这孔桥梁的边角余料，进行试焊。但大家焊了半天，并没有出现裂纹,唯一的解释就是,裂纹是在延迟24小时之后才出现的。

为了找到出现裂痕的根本原因，又将一块出现问题最多的板单元报废，然后进行破坏性试验，却依旧没有找到症结所在。没办法只好将试件拿到专业检测部门——哈尔滨焊接研究所检验。最后检测出焊接的热影响区硬度偏高，达到了427HV10，而欧洲标准中硬度试验上限是小于380 HV10。

徐向军百思不得其解，吃不好，睡不香，晚上常常失眠，反复在脑海里思考这个问题，两三个月下来，体重轻了十几斤。他查阅大量焊接中的实际焊接参数记录、钢板和焊材统计，查阅了有关资料文献和焊接手册。通过反复推敲，慢慢地悟出了其中的道理，逐渐找到问题的症结所在。现代钢桥梁焊接不但得用到热输入大的埋弧焊，也大量采用热输入小的气体保护焊，而出问题的焊缝都是采用小热输入的气体保护焊方法焊接的，采用埋弧焊方法的焊缝都没有问题；另外，本桥采用了两个钢厂的钢板，出问题的焊缝，都出自同一钢厂的钢板，另外一家钢厂的钢板焊接的构件，焊缝没有问题。通过比较两个钢厂钢板的成分，发现出裂纹的钢板碳含量和碳当量比另一家的钢板偏高，说明焊接接头热影响区的硬度高并不仅仅是焊接工艺的问题，跟钢板对热输入的敏感性更重要。接头热影响区硬度超标，说到底，问题还是出现在钢板本身上。但麻烦的是，钢板本身的各项指标也符合标准要求。

以往，在传统桥梁生产模式中，是原材料进厂后首先进行理化试验，符合标准即可投入使用。一旦焊接方面出现问题，主观上都是从焊接工艺方面找问题，很少去考虑钢板本身对焊接工艺适应性。但在实际应用中，徐向军却发现，出现问题最多的恰恰是碳含量高（一般为 0.16% ～ 0.18%）的 Q345 和 Q370 级别正火钢板。反而强度等级更高的 Q420 级别钢板，由于采用了新型的热机械轧制工艺生产，碳含量降低到 0.10% 以下，焊接相对不容易出问题。

但此时，徐向军只能仰天长叹了，最终的问题还是出在咱们自己身上，因为欠缺这方面的经验，没能在采购钢板前提出有利于焊接的技术要求，没有明确碳含量、碳当量、氢含量、硼含量等影响焊接的各元素的范围。

吃一堑长一智，化腐朽为神奇，才是智者面对挫折中最智慧、最积极的人生态度。

萨瓦桥虽然经历了一些风波，但经过改进工艺技术，优化焊接工艺方案，最终还是达到了令人满意的效果，得到了业主和架设方的高度评价。为此，美国 Discovery 频道制作播出了长达 40 分钟的萨瓦桥专题报道。

第三个跟头，发生在制造挪威大桥之时。当时用的是符合欧洲标准的 S420N 正火钢板，徐向军带领团队按照欧洲标准作了全面焊评。厂家提供钢板的硬度指标都是欧洲焊接工艺评定标准的上限之内（≤ 380HV10），并未发现什么问题。等大桥投入生产后，挪威方面专家拿着挪威语的技术标准过来，看到中铁山桥焊接室作出的焊评报告后，当即指出，你们做出的焊评接头硬度数据多项都不合格。徐向军一听，当时心里就咯噔一下。连忙拿出自己一方收到的英文版的技术标准，一一进行对照，没有问题，完全达标。可为什么挪威专家却一口咬定不合格呢？经过反复沟通，仔细核对，徐向军才恍然大悟。原来，他们使用的英文版标准，是由挪威船级社将挪威文翻译成英文的，在翻译过程中，由于理解上的偏差，对方将其中的采用标准的意思，翻译成满足欧洲标准即可，其中欧洲标准的硬度指标是不大于 380HV10，但实际上挪威语的标准中硬度指标却是不大于 325HV10。

通过这个教训，也进一步验证了钢板焊接性的问题。后来虽然采用了焊后热处理，即将焊缝及两侧焊趾加热到 500 ～ 550℃的工艺措施才将这个问题加以解决，但为此中铁山桥付出了很大的代价，大大增加了成本。

出现问题，有人怨天尤人，有人事不关己，也有人亡羊补牢，敢于承担，徐向军属于后者。

虽然徐向军最后成了此次事故的“背锅侠”之一，受到处分，但他并没有抱怨，反而作了深刻的自省。自己是焊接室的负责人，如果早点钻研钢板方面的相关知识，增加自己的知识储备，这些问题可能就不会出现。

不过，这几座大桥留给徐向军的心结，却一直没有彻底解开，这是切肤之痛，铭记过去的经验教训，也是为了今后更好地完成工作。

后来，在参与修订桥梁用钢的标准时，徐向军从桥梁钢用户角度出发，提出许多优化建议，大多被采纳，这大大提升了我国桥梁用钢的质量，适于桥梁制造厂生产过程中焊接工艺宽泛的使用要求。后面广泛应用于桥梁制造的耐候钢，当时并没有被纳入桥梁用钢的标准中。在徐向军的积极参与和共同研究下，耐候钢也被纳入其中，丰富了桥梁用钢的范围。

每一次跌倒，都是为了以后前进的脚步更坚实、更稳定。每一次的失败，都是一次经验的积累，都是跨上一个新的阶梯。从小的红色教育，企业的红色传承，让徐向军沿着正确的方向奋进。脚踏实地，才能走得更好，走得更远。

三、有底气才会据理力争，有胆识才敢挑战权威

常年从事技术性研究，每天不是面对一长串数字，就是各种复杂的图纸、化学符号、设计要求和合同，这让徐向军慢慢养成了严谨务实的工作作风。他做事认真，一丝不苟，具有强烈的大局意识。在遇到原则性问题时，更是立场坚定、据理力争。

习近平总书记在考察中国科学院时曾经强调，科技界要共同努力，树立强烈的创新自信，敢于质疑现有理论，勇于开拓新的方向，不断在攻坚克难中追求卓越。作为一名从业 25 年的科技工作者，徐向军用实际行动践行着习近平总书记的指示精神。

在一次大桥焊评试验中，通过对比初期的十几组试验数据，徐向军发现焊评试验存在数据异常。凭借多年的经验，他判断是业主购买的钢板存在质量问题。虽然钢板已经通过了进厂检验，各项指标符合

标准规定，但在焊接性能上却存在问题。这种钢板属于典型的“合标不合用”，因此也很难就此说服钢板厂家和总包单位。

当时，正面临着大批钢板即将入厂投入生产的关键时刻，徐向军一时也处于两难之中，一方面，如果几万吨有问题的钢板全部产出，很可能会发生严重的质量事故，损失巨大；另一方面，万一不能说服业主和钢板生产厂家，会被认定为是中铁山桥技术差，判断失误，钢板质量并没有问题，那么受影响的将是百年山桥的技术声誉。为了做到万无一失，确保大桥的制造质量，徐向军抓紧时间给总包单位撰写联系单和试验数据分析报告，翔实的数据、充分的理由，终于引起了总包、钢板生产厂家、监理等各方的重视。为此，五方专门邀请专家召开了专题会议进行探讨研究。

顶着从未有过的巨大压力，在专题会议上，不善言辞的徐向军却上演了一场力排众议的“舌战群儒”。

会上，徐向军还是直筒子脾气。因为接连几次，在桥梁用钢的焊接热影响区硬度方面出现问题，每次都需要与钢板生产厂家反复沟通。桥梁用钢板行业标准的修订，已经达到了刻不容缓的地步。所以一开口，徐向军就开门见山。

他说：“我干桥梁用钢焊接技术研究十几年了，最初五年我是学习阶段，没遇到什么难题，后五年我们焊接团队遇到一系列问题，不是出现焊接裂缝就是热影响区硬度高，我感觉自己迷茫了，不懂桥梁焊接了。”

然后，话锋一转，直指问题核心：“钢板生产厂家不能钻标准空子！”一句话说得在场的各位专家、老总面面相觑。

Q345D 钢板的碳含量标准的上限是不大于 0.20%，多数钢板生产厂家为了降低成本，一般会把碳含量控制在 0.17% ～ 0.19%，碳当量为 0.42% ～ 0.44%，这样的钢板的确符合标准，但焊接性差，并不能满足现代钢桥制造焊接工艺窗口宽泛的要求。

徐向军最后半开玩笑半认真地说：“一旦出现问题，我们百年山桥砸了牌子，你们钢板生产厂家也难辞其咎啊。”

一个厂方代表对自己的产品十分自信，根本不买徐向军的账：“我们生产 Q345、Q370 级别钢板都很多年，几百万吨总是有的吧，很多大桥都用了，焊接性是绝对没有问题的。”

徐向军却一点情面也不留：“没有问题吗？我看有很大问题，只不过好多问题，过去都没有在会上公开说而已。我看很有必要，把这一问题彻底弄明白了，有些钢厂为了控制钢板生产成本，钻标准里指标范围大的空子，看用户检测钢板能力有限，有的不进行真空冶炼，导致钢板氮、氢、氧元素含量高；多加点碳，少添加锰、镍、铌、钛等合金元素，导致钢板虽然理化指标符合标准，但使用性能差，容易出现偏析、分层、钢板麻面、焊接热影响区冲击韧性和硬度不合格等问题，影响下游桥梁制造企业生产。

一家钢板生产厂家为了说明自己生产的钢板焊接性能没有问题，特地从外地请来一位压力容器焊接方面的专家。这位专家一上来就表明了态度：“这种Q345、Q370级别的钢板，你们所说的数据根本不可能出现，我觉得主要问题是焊工的素质，你们不能从大街上随便拉一个人来就焊接。要对焊工进行培训，掌握焊接中的三角形、月牙形、锯齿形摆动等焊接手法，否则他们能焊好吗？质量怎么保证？”

听了这位专家的话，徐向军被气乐了：“第一，我们百年山桥，是桥梁制造行业中的翘楚，这点最基本的焊接技术素养还是有的。你们都耐心看看我的报告，看看上面的试验分析数据。这种焊接质量问题，不只是现在才出现的，五年前就已经出现了。钢板理化指标是合格的，但钢板的焊接性很差，属于典型的合格不合用。当初我们干塞尔维亚萨瓦桥的时候，就被你们坑了一回，用的就是你们单位的钢板。五年后的今天，你们同一个钢板质量问题又出现了，还不愿意提高质量，优化钢板使用性能，就实在说不过去了。第二，我们山桥建厂百年，所有从事焊接工作的人员都具备资格证书，焊接中国的桥梁有船级社考核后发的证书，焊接美国桥有符合美国标准的焊工证书，焊接欧洲桥梁有国际焊工证书，如果没有焊工证书，人家能让我们焊接生产吗？我们百年山桥不可能出现到马路边上随便拉一个人来就干焊接的事。”

几句话，驳得那位专家哑口无言，讪讪离场。

后来徐向军从武汉乘车去洛阳，无意间再次与这位专家邂逅。二人聊起那次会议，徐向军说：“您是真正的专家，但那天所说的，却不够实事求是啊。”

那位专家一听笑了，自我解嘲说：“那也是没有办法啊，俗话说得好，拿人钱财，替人消灾嘛，没想到遇见你这位真正的桥梁焊接专家了。”

2014 年 12 月，中铁山桥中标沪通长江大桥钢梁的制造合同。沪通长江大桥是当时世界最大跨度的公铁两用斜拉桥，在中国乃至世界桥梁建设史上都具有里程碑意义。2015 年一开年，中铁山桥沪通长江大桥制造工作便紧锣密鼓地全面铺开。当时做焊接工艺评定试验的时候，发现合同上规定的供货厂家的 Q370qE 正火钢板，焊接接头性能不合格，主管工程师马上向徐向军作了汇报。徐向军不敢有丝毫耽搁，立即召集几位焊接工程师研究分析，找到问题的根源是钢板焊接性差，并及时与供货厂家取得联系。钢厂也十分重视，安排一个负责经销的副总带队来到中铁山桥进行解决，一起做试验。看到我方拿出焊评数据报告，这位副总对报告上的数据并不认可，坚持说他们的钢板没有质量问题，双方僵持不下。徐向军见状，就带人去了武汉找到上级主管部门。厂家为了自己的利益也找了桥梁焊接方面的专家，几方人员坐在一起进行交流。厂家代表说：“我们也在当地的一家桥梁厂做了焊评试验，数据证明，我们的钢板并不存在质量问题。为什么到你山桥这就有问题了？”话里话外充满了质疑。

双方争论来争论去，火药味十足，但协商了一上午，最后也没有争出个子丑寅卯来。

下午，徐向军带着主管工程师，找到上级主管部门领导的办公室，就把山桥与钢板生产厂家的质量问题分析情况，向主管领导作了详细汇报。

主管领导听得很认真也很仔细，然后就与主管部门负责人进行了沟通，说山桥提出来的技术意见，你们必须要重视起来。

有了上级主管领导的指示，再交流起来就顺畅了许多，钢厂人员的态度也不再像先前那样强硬了。然后双方商议找一个第三方权威机构，重新做焊评件的性能检测。结果试验数据与山桥的数据完全吻合，钢板其中一个焊评指标超标了。为了彻底打消供货厂家的疑虑，双方又将钢板送到北京钢铁研究总院焊接所，做进一步的验证，结果和中铁山桥做的焊评报告高度一致。供货厂家这才答应把供给山桥这批钢板退货。退货之后，改用了新的 TMCP 轧制的高性能桥梁钢板。

双方争执了近一个月的技术纠纷，在徐向军和主管工程师共同的坚持和积极协调下，终于尘埃落定，为公司避免了重大损失。这件事也变相地证明，不是所有的权威机构给出的数据就都是准确的。

一般情况下，国际权威机构给出的数据，会有几个人有勇气去质疑它的准确性？徐向军显然是个例外，他就敢于向权威发起挑战，大胆地提出自己的观点。几年前，中铁山桥在生产一家国外桥梁时，设计方面给出的焊接数据，经过反复试验都无法实现，但却没有人去质疑设计方面有什么问题。徐向军带领自己的团队，经过几次验证后，得出结论，以目前的技术手段，不可能满足设计要求。他实事求是地跟领导反馈，这个咱们根本无法完成，应该是设计方面有所欠缺。领导自然十分尊重徐向军的态度和认定，但也适时提出了自己的疑问。因为他通过了解，听闻国内一个厂家，经过试验认为可以达标。于是领导委婉地对徐向军说：“要不咱们再试试？”

尽管徐向军对这个厂家做出的试验数据持怀疑态度，但还是按照领导要求又进行了试验。试验的结果还是证明，这个坡口角度，采用这个焊接工艺参数根本无法满足接头技术要求。领导也很无奈，虽然不甘心，但是也只能认可这个试验结果。徐向军积极与设计方沟通，并邀请他们一同进行试验。最后设计方也承认，是设计时对焊接现场操作不太了解，考虑不够仔细。然后他们根据山桥的试验数据，对设计方案进行了更改。

其实像这样的事情还很多，每一次，徐向军都会一如既往，据理力争。他的每一次担当，每一次努力，带给山桥的都是减少焊接工作量、提升焊接质量。

鞍钢首席专家、教授级高工侯华兴在谈到徐向军时说：“徐向军主任工作细致认真，作风严谨求实，勇于创新实践，在该领域积累了丰富的经验，为国内许多重大桥梁工程的保驾护航进行了许多创造性工作，尤其在沪苏通长江大桥、朝天门长江大桥、港珠澳大桥、黑河大桥、美国阿拉斯加铁路桥、孟加拉国帕德玛大桥等国内外重大桥梁工程中，为解决420MPa、500MPa级及以上级别的高性能钢种的焊接难题起到了关键作用。该同志以实现中国从桥梁大国走向桥梁强国为己任，工作兢兢业业，精益求精，为中国桥梁钢结构焊接技术的发展和推动我国桥梁领域焊接技术进步作出了巨大贡献。”

“一粥一饭，当思来之不易；半丝半缕，恒念物力维艰。”这是真正把企业当成了自己的家，把自己当成主人，才会不管分内分外，不分彼此你我。

四、在摸索中前进，在奋斗中创新

香港昂船洲大桥是中铁山桥承接的首座完全按照欧洲标准制造的项目，也是中铁山桥首次进入国际特大钢桥梁市场。香港昂船洲大桥是当时世界第一跨度的公路斜拉桥，主要材质为 EN10025-4 标准的 S420M 和 SM420ML 钢板，最大板厚 100 毫米，要求焊接接头达到 -50℃冲击韧性要求，这是徐向军团队从来没有遇到过的。在焊接技术准备中，他一边努力学习研究欧洲标准和昂船洲大桥制造技术要求，一边与业主、监理、第三方等单位积极联系沟通。为了早一天完成焊接工艺评定试验，他带领团队加班加点，反复试验，终于攻克了厚度 100 毫米 SM420ML 钢板焊接接头 -50℃冲击韧性和 U 形肋角焊缝焊接等项技术难题。历时四载，精心研制的香港昂船洲大桥能够成为世界精品工程，让中铁山桥在国际桥梁市场上崭露头角，并获得具有桥梁界“诺贝尔奖”之称的乔治·理查德森奖，这其中也有徐向军和他的团队一份汗水和辛劳。

有扎实深厚的功底，也有勇往直前的勇气，徐向军和他的团队，在接手世纪工程港珠澳大桥焊接技术的准备过程中，又多了一份敢于攻坚克难的信心。他带领焊接技术团队，对焊接新工艺和新装备进行调研，研发了具有自主知识产权的“正交异性板单元 U 形肋自动组装方法”，首次将先进的电弧跟踪机器人焊接技术应用于中国桥梁制造领域，又为焊接机器人的更好应用，潜心研制了我国首条桥梁板单元自动化焊接生产线，这条自动化焊接生产线的建立，在同行业中起到了积极的示范作用，让我国桥梁钢结构制造技术和装备的升级换代实现了历史性跨越。

中铁山桥总工程师胡广瑞对徐向军二十五年如一日的无私奉献给予高度评价，他说：“徐向军技术水平高超，专业能力突出，为中铁山桥集团桥梁钢结构焊接技术发展和推动我国桥梁领域焊接技术进步作出了巨大贡献。”

一丝不苟，精益求精，唯有专注与坚持，方能做到物我合一。匠心，恒心，为追梦人打造出振翅高飞的羽翼。

2012 年，在强手如林的国际竞争中，中铁山桥一举中标美国纽约韦拉扎诺海峡大桥。《人民日报》为此作出专题报道：“在国际桥梁舞台上，手握先进制造技术的中铁山桥展现出令人信服的实力，在国际市场上树立了良好的品牌声誉。”

此后，美国《华尔街日报》也对此事进行报道，并一改以往对中国产品的怀疑态度，而是引用纽约大都会运输署官员的表述：价格并非他们唯一的考虑，中国企业在制造桥梁组件领域已然是“专家级”了。

能够在国际领域被认可、肯定，离不开山桥人共同的努力，在纽约韦拉扎诺海峡大桥的制造中，徐向军和他的团队，再次向世界上最严格、最复杂的正交异性桥面板单元 U 形肋角焊缝焊接工艺技术发出挑战，试验长达 11 个月，累计使用钢板 83 吨，磨制断面 2000 多个，通过与美国桥梁专家多次艰难的技术交流，最终实现了美国设计师提出的技术要求，焊接质量得到美方监理、业主的肯定。

人生以精神贯注而立，大事以坚持到底而成。2018 年，徐向军参与的“美国韦拉扎诺海峡大桥旧桥改造施工技术研究”荣获河北省科技进步三等奖。

中国工程建设焊接协会秘书长、焊接专家段斌这样评价徐向军：“徐向军同志是国内桥梁钢结构焊接领域的知名专家，中国中铁专家。

他技术精湛，专业能力强。为我国高性能桥梁钢、耐候桥梁钢的推广和桥梁钢结构焊接技术、装备的发展付出了智慧与汗水，为推动我国桥梁领域焊接技术进步作出了巨大贡献，是国内桥梁界焊接同人学习的榜样。”

敏捷明晰的思维，旗帜鲜明的态度，有理有据的分析，严谨务实的举证，让徐向军沿着科学发展的道路一步一个脚印，慢慢向桥梁用钢板焊接领域研究的珠穆朗玛峰靠近，再靠近……

无限风光在险峰啊！

五、大家小家，大我小我，家国情怀赤子心

儿子是徐向军的骄傲，提到儿子，他紧绷的脸上，才会绽放一丝温暖的笑容。不过，他真是太忙了，好像从当上焊接室主任起，他就一直在忙，儿子从小到大，他基本上没怎么操过心，都是妻子在默默地付出。

儿子是在邻县上的高三，因为离得比较远，儿子是住校的。徐向军因为忙于工作，一年时间里，看望儿子的次数屈指可数，几乎都是他妻子在跑。儿子参加高考那几天，徐向军也没有像其他家庭那样，父母一同陪伴孩子高考。看到别人都一家人在陪同，他妻子的心里很不是滋味。徐向军也知道自己有时做得很不称职，所以儿子考上大学后，就想去学校看看儿子。其实距离也不算远，驱车只有几个小时的路程，但却没有成行过一次。

儿子虽然对他这个老爸多有抱怨，但考上研究生，在确定专业时，却选择了焊接，这已经不能用巧合来解释了。徐向军说，儿子研究生

所学的专业虽然也叫焊接，但却和他所从事的桥梁焊接技术研究分属于不同的领域。儿子学的不是普通的钢铁焊接，也不是专业上说的黑色金属焊接。但焊接就是焊接，谁能说这不是传承？虽然，徐向军总是忙得顾不上家，但在儿子的眼里却是一座灯塔，是他们的守护神：“当我们有问题时，他会挺身而出，为我和妈妈避风挡雨，做我们的守护神。他对工作的态度和精神是我学习的榜样。我今后也会像我父亲一样，做一名优秀的焊接工作者。父亲是灯塔，引领着我阔步向前。”

对于儿子选择焊接专业，徐向军心里虽然高兴，但还是隐隐有一些担心。他自己从事焊接技术研究 25 年，其中的辛苦他最清楚。所以在儿子选择专业之前，徐向军语重心长地说：“焊接是一门理论与实践紧密联系的学科，要想学好，需要付出巨大努力和汗水。你在学校里要学好理论知识，打下坚实的理论基础；将来工作后，焊接实践经验更重要，能遇到很多问题，同时也会积累下经验。要想成为一名好的焊接工程师，就要把理论知识与生产实际结合起来，这样才能更好地分析问题和解决问题。”

忘我地工作，全身心地投入，没有家人在背后支撑，是很难实现的。徐向军的妻子是中铁山桥技工学校的一名高级讲师，她也有自己的一番事业和工作。当徐向军全身心投身工作的时候，为了支持徐向军工作，也为了家庭，妻子牺牲最大、付出最多。

徐向军的妻子也是一个大学生，两个人经人介绍走到了一起。那时，徐向军留给他妻子的印象是不太善于表达，为人踏实忠厚。两个人是 1998 年 1 月办的喜事，结婚的时候，真是一穷二白，要啥没有啥，连一间单身宿舍都没有，婚房还是借的别人的。当时就一张床，一个书柜。徐向军的妻子现在回忆起当时的情景，还和朋友开玩笑说，真跟电视上小品里说的似的，我唯一的家用电器就是手电筒。

1998年年底，徐向军的妻子住院待产，当时在医院住了有10多天，肚子疼得厉害，却一直没动静。后来做B超一看，发现胎儿脐带绕颈，需要做剖宫产手术。当时的医疗条件也不是太好，医生也煞有介事地把风险说得很大。徐向军毕竟不懂，所以在手术单上签字的时候，担心得不得了，手不住地颤抖，眼睛里转动的全都是泪花……

好在有惊无险，他们的儿子不仅安全降生，还长成了高大俊朗的有为青年。

徐向军的妻子是家里的独生女，考虑父母年纪都大了就都接了过来，相互也有个照应。徐向军对待自己的岳父母特别孝顺，跟岳父母在一个屋檐下住了这么多年，从来没红过脸，也从来没说过一句不尊重的话，这一点让他的妻子特别欣慰。他的妻子家里家外照顾一家老小，也从来没有一句怨言。徐向军经常出差，时常会给老人带些当地的特产小吃，老人不在他们家时，徐向军也嘱咐妻子，想给孩子姥姥姥爷送过去。因此，在妻子娘家那边，徐向军的口碑相当不错，都说养个好闺女不如有个好姑爷。

徐向军每天忙忙碌碌，儿子的出生，最操心劳累的人还是妻子，儿子从小学到高中，学校开家长会，徐向军一次都没有去过，对孩子的陪伴也是少得可怜，别人的父亲都会陪伴孩子打打球儿、逛逛公园、旅旅游什么的，但徐向军在儿子这里，总是在扮演缺席者。他每天七点多钟就去上班，晚上七点多人还在单位里，晚上七点半如果能回到家，那就算是早的，八点半九点也都十分寻常。在他们住的那个小区，他们家吃饭晚是公认的。

到了周末，徐向军依然在忙碌，周六肯定雷打不动地要加班，只有周日下午，徐向军才能偶尔在家休息半天。

也许是看到妻子每天照顾一家老小，徐向军自己也感到过意不去吧，回到家总是抢着干家务活。早上，徐向军习惯早起，一般情况下，妻子这边在做早饭的时候，他就快手快脚地把衣服洗了。妻子特别仁义，也特别体谅他，看徐向军那么认真地干家务，反倒心疼起来，觉得他只要有这个心，就心满意足了。

在生活里，徐向军对吃穿都没有什么要求。在他看来，不管吃什么，能饱肚子就行。在衣着上，更是随意，有时候妻子想带他去买件衣服逛逛街，都被他一口回绝。往往一件衣服、一双鞋他能穿十来年，只要不破就能一直穿着。最让人吃惊的是，为了节省时间，他连头发都交给妻子打理，他要求不高，不管好看赖看，只要利落就行。按说，徐向军大小也是领导，又是行业内知名的专家，平时经常会出席一些重要的会议，还要在大会上发言，他却能如此洒脱，不修边幅，堪称中铁山桥的一绝。

徐向军的母亲是个十分要强的老人，一般很少麻烦儿女。有一年“十一”母亲过生日，徐向军带着一家人回老家给母亲过寿，回来时，就想让母亲一块儿回来，到家住上些日子。徐向军没想到老人家居然就答应了。徐向军也想借机好好陪陪母亲，但事与愿违，那一个月，徐向军特别忙，三天两头出差。好容易在家待两天，领导一声令下，他就又背起了行囊。一个月一共也没陪上母亲几天。有时，徐向军看到老人那期盼、不舍的眼神，心里充满了惭愧，但自古忠孝不能两全。他为企业鞠躬尽瘁，能够拍着胸脯说，自己问心无愧。但说到家庭，说到父母，他就愧疚难当了。幸好他还有一个贤惠孝顺的好媳妇，替他尽孝，替他照顾家庭，这才让他的心里有了少许安慰。

妻子也知道徐向军是个工作狂，但她还是理解不了，你每天晚上回来已经七八点钟了，可等吃完饭，收拾利索碗筷，坐个小板凳儿，又把电脑打开了，怎么这加班还带双重的啊？

其实徐向军还是十分看重家庭的，对妻子的事业也十分支持。2006年，妻子在评职称时，计算机考试需要单独到北京去，看到不经常出门的妻子有些担忧，徐向军就说：“要不我陪你去吧？”妻子听了特别吃惊：“那你工作怎么办？你那么忙。”徐向军犹豫半天，最后才下决心似的说：“不就是跟领导请次假嘛，也就一天时间。”妻子听了感动得半天说不出话，过了老半天才说：“我给你做好吃的！”

前两天，徐向军的妻子去医院体检，在体检报告中有几项指标偏高。当时很担心，心里七上八下的，就想去医院再复查一下，好知道自己到底有没有问题。徐向军知道后说：“要不我陪你去检查一下吧。”

妻子感觉挺意外：“我就去抽个血，还用得着陪啊？用不着你，你还是赶紧上班去吧。”

当天晚上，还不到七点半，徐向军就回来了。妻子又感觉挺意外：“你今天咋回来这么早啊，太阳从西边出来了？”

徐向军说：“我怕你心情不好，就早点儿回来了。”

看着徐向军那一脸真诚的关切，徐向军妻子又被小小地感动了一回。

徐向军在妻子的眼里是这样的：“向军敦厚、实在，有担当。为人光明磊落，有一说一，有二说二。就是有时候太倔了，较起真儿来，他认定的事儿，谁也拉不回来。”

六、厚德载物，在奋斗中搏出精彩

多年的坚守与坚持，多年的热爱与磨砺，让徐向军逐渐成了钢桥焊接方面独当一面的技术专家，为了与他人分享自己的经验和研究成果，他先后在国家级学术期刊《金属加工》《焊接》上撰写并发表了《新型高性能桥梁用 Q500q 钢板焊接试验研究》《现代钢桥制造对桥梁用钢的更高要求》《桥梁钢结构焊接装备应用现状与发展》《新型高性能桥梁用 Q500q 钢板焊接试验研究（一）（二）》等多篇论文。与此同时，他还应邀参与了化学工业出版社的《现代焊接工程手册》、机械工业出版社的《焊条电弧焊技术》和《中国焊接 1994—2016》等与钢梁焊接技术相关章节的编写工作。

徐向军还特别注重知识产权的保护，先后申报了“一种桥梁用 Q345qDNH 耐候钢的焊接方法”“正交异性板 U 形肋角焊缝机器人平位单道对称焊接方法”“一种桥梁用 Q500qE 超低碳贝氏体钢的焊接方法”“一种耐候全焊钢结构加劲梁悬索桥的焊接制造方法”“一种耐候钢加劲梁悬索桥主纵梁的焊接方法”等多项发明专利，其中发明专利 10 项，实用新型专利 4 项，另外还有 7 项专利已经被受理。

在“一种桥梁用 Q345qDNH 耐候钢的焊接方法”专利申报“第二十二届中国专利奖”时，徐向军精益求精的工作态度，给同行的同事留下深刻印象。

2021 年 3 月 30 日，徐向军和焊接室青年工程师小高一起去北京，参加了第二十二届中国专利奖评审答辩。中国中铁只有三个专利参选，徐向军为第一发明人的“一种桥梁用 Q345qDNH 耐候钢的焊接方法”发明专利被中国中铁圈定为最有希望获得大奖的专利。在答辩的前两天，徐向军和小高坐着公交、地铁来回奔波于中国中铁、中铁工业、中国专利局等相关部门，听取部门领导和专家的意见，每天开会讨论都得忙碌到晚上八九点钟，经常晚上九十点钟才能吃上晚饭。吃过晚饭，又马上对报送材料进行修改，PPT 修改了至少得有 20 次。每天最多睡 3 个小时。小高只有 30 多岁，每天都累得精疲力竭，但在他眼里比他年长近 20 岁的徐主任却精神饱满、斗志昂扬。徐向军做事一向严谨，对报送材料不允许有一点瑕疵和漏洞。因为报奖需要答辩，他先是对着电脑练习，然后对着镜子练习，一遍又一遍，自己感觉可以，还让小高帮他挑毛病，找问题。

第二天，大会召开时，面对由国内顶尖的专家学者组成的评审团，徐向军对答如流、应对自如。最终中铁山桥的“一种桥梁用 Q345qDNH 耐候钢的焊接方法”专利勇夺“第二十二届中国专利奖”金奖。

“千淘万漉虽辛苦，吹尽狂沙始到金。”辛苦的付出总会得到相应的回报。徐向军主持或参与的多个重大科研项目，先后荣获省部级、国家级大奖。近 5 年中，先后有 9 项科研成果荣获省部级以上科技奖和质量奖：“大跨度钢桁梁桥制造新技术研究”课题，获河北省科技进步三等奖、中国中铁科技进步特等奖。2016 年，“钢箱梁板单元自动化制造与焊接技术研究”项目，获得河北省科技进步一等奖。2017 年，“严寒地区公铁两用钢桁梁桥成套建造技术”荣获中铁建总公司科技进步一等奖和交通运输协会科技进步一等奖；北盘江特大桥、新建京张高速铁路官厅水库特大桥获全国优秀焊接工程一等奖。2018 年，“美国韦拉扎诺海峡大桥旧桥改造施工技术研究”，获得河北省科技进步三等奖；“特大型钢桥用低屈强比易焊接高性能桥梁钢的开发与应用”，获中国钢铁工业协会、中国金属学会冶金科学技术二等奖。2019年，“钢箱梁制造模块化、工厂化、大型化技术研究”荣获中铁高新工业股份有限公司科技进步特等奖。获得中铁山桥级别的奖励更是多如牛毛，如“超低温F级耐候桥梁钢应用研究”获科学技术一等奖，“U肋内侧角焊缝焊接技术、工艺及装备的开发应用”获科技进步特等奖等等，可谓荣誉等身，著作等身。

滴水可以穿石，不是因其力量，而是因其坚韧不拔、锲而不舍。一项项科研成果的完成和获奖，代表着徐向军辛苦的付出和辛勤的汗水。一篇篇论文的写就和发表，代表着徐向军对过去智慧的总结，对未来光明的展望。

稳扎稳打，默默耕耘，在一个岗位上，一干就是25年。把青春热血，壮志豪情，全部融入忘我的工作之中。聚沙成塔，百炼成钢。徐向军从一个实习生，一直做到了焊接室主任、教授级高工，山桥首席专家，中国中铁专家，中国钢结构协会焊接分会专家，中国工程建设焊接协会专家，国内知名的桥梁焊接专家。

技术的至臻成熟，职称的步步升迁，意味着他的辛苦付出，得到了上级部门的认同与肯定。25年，近1万天，如果把徐向军长期加班加点无私奉献的时间都算上，还会更长。25年磨一剑，对桥梁焊接技术长时间的浸淫与研究，让他在此方面的学问与认知达到了融会贯通的境界。常常一些十分专业、深奥的知识点，若干年前的某个项目的一组数据，徐向军可以信手拈来，运用自如。

徐向军对焊接事业执着与热爱，让他在追逐梦想道路上，一直马不停蹄，不断开拓创新。他先后参与了我国第四代桥梁钢（14MnNbq）应用开发，主持了我国第五、第六代桥梁钢（Q420qE和Q500qE）的应用研究；主持了Q370q-HPS高性能桥梁钢、桥梁复合钢板和耐候桥梁钢的创新开发；并以钢桥焊接专家的名义参加了“十三五”国家“高性能桥梁用钢”等课题研究，有力地推动了我国高性能桥梁用钢的使用与发展。目前正主持研发的福夏铁路耐海洋大气腐蚀桥梁钢、Q500qNH耐候桥梁钢、大焊接热输入桥梁钢Q345qHW～Q420qHW、Q690q钢焊接试验研究，也有了突破性进展。

厚德载物，海纳百川，如今的徐向军已经是中国工程建设焊接协会专家委员会委员、中国钢结构协会焊接分会理事，在我国钢桥焊接技术方面，有着举足轻重的地位。但他依旧不骄不躁，勤勉自律，依然奋战在中铁山桥钢桥焊接技术研究的最前沿。在中铁山桥这片红色的沃土上，默默地作着自己的奉献，他是真正无愧于时代的模范先锋。

中国工程院院士、北京科技大学教授毛新平评价徐向军说：“徐向军作为国内钢桥梁焊接领域的专家，先后主持了我国第五、第六代桥梁钢和我国桥梁耐候钢、复合钢板等开发应用试验研究和桥梁钢结构自动化、智能化焊接技术研究，参加了多项国家或省部级科技课题和‘十三五’重大专项课题的研究，取得10多项焊接发明专利，成果支撑了港珠澳大桥、沪苏通长江大桥、美国阿拉斯加铁路桥、孟加拉国帕德玛大桥等国内外多个具有里程碑意义的钢桥梁建设项目，受到了业界的广泛好评。他技术水平高超、业务能力强，通过大量试验研究，为我国高性能桥梁钢、耐候钢桥钢的推广和桥梁钢结构焊接技术、装备的发展，付出了巨大努力，作出了突出贡献，得到了行业内的广泛认可和肯定，是我们桥梁界焊接同人学习的榜样。”

七、任重致远，堪当脊梁

人生不如意十之八九，生活其实是一面镜子，你快乐，镜子中的你也快乐，你简单，镜子中的你也简单。

徐向军就是这样一个简单的人。他性格直率，喜怒哀乐几乎全都写在脸上。

有许多人喜欢云山雾罩，说话似是而非，故作高深，让人猜不透心思。徐向军却恰恰相反，遇到问题最喜欢开门见山、直截了当，一就是一，二就是二，从不拖泥带水，更不会拐弯抹角。有时为了维护科学的权威性，他敢当众和领导拍桌子。

所以和同事发生争辩，就太过平常了，常常还没说上几句话，徐向军就压抑不住自己的情绪，声音提高八度，就跟吵架似的，有时还弄得脸红脖子粗。可事情一旦解决，他脸上马上云开雾散，一片晴朗，有时同事还在计较或别扭，他呢，早就忘到九霄云外了。

徐向军也知道自己的脾气，有时一较真就容易急躁，容易得罪人，也想把话说得温和点，但往往没说上几句就压不住火气了。正所谓江山易改，秉性难移。

团队里的同事和他接触多了，也都习惯了他直奔主题的行事风格。同事们评价徐向军的性格，常常会说，这是徐主任的缺点，更是优点。

每次开组织生活会，徐向军常常就自己脾气太直，会主动在会上作自我批评。他说：“你们跟我年头多，时间长了也知道我就是这个脾气，不会怪我，但我在跟新来的年轻人说话时，如果发脾气了，你们在旁边时多提醒提醒我。”

按说直率这样的脾气，不仅容易得罪人，还容易让小的矛盾升级，多少会影响团队整体实力。但奇怪的是，徐向军的团队不仅作风清正、硬朗，还十分团结，有很强的凝聚力和战斗力。这来自他本身的人格魅力。让别人做到一，他往往已经做到了三，甚至更多。什么是榜样？什么是标兵？徐向军用自己的身体力行说明了一切。

同事们都说，他们的徐主任完全没有大专家的架子。和手底下的工程师、电焊工们一起搞焊评时，容易出现安全问题的地方，他常常率先冲在最前面。有一次，在试制半自动化电焊车时发生故障，无法正常运转。看到电焊工修理半天也没有效果，徐向军就亲自动手。在修理过程中，小车齿轮突然启动，徐向军的一根手指被绞到了里面，血流如注，骨头都露出来。现场的同事都吓坏了，赶紧把他送往医院。幸好没有伤到骨头。伤得那么重，同事们都觉得他应该会回家休息休息，没想到，他第二天就重新出现在焊接室里，同事看他肿得老高的手指，十分心疼，就劝他回家养两天。徐向军看看手指，毫不在意地说，这个项目的焊评要得急，这点小伤算什么啊。

有时需要运送试板、焊材的时候，他也会亲自上阵，推着小车来回跑，像一个干劲实足的老工人。他的满头银发，在一群黑头发中间格外醒目，像一团银色的光芒，引领着他的团队朝着一个共同的目标，一往无前地向前走。

俗话说，“强将手下无弱兵”，其实说的就是一个团队是否有战斗力，要看这个团队领导人的能力高低。

有时候，年轻人特别惊讶徐向军总是充满活力的精神状态，因为每天他都是来得最早，走得最晚。由于焊接室需要做焊评的工作特别多，有时会有几个项目同时进行，赶上比较急的项目，常常需要加班加点，徐向军只要不出差，就一定会全程跟进。等把工作任务完成了，大家都回家休息了，他还要继续加班，对所做的工作进行梳理，对焊评报告进行审核。焊接室所在的办公楼，坐落在中铁山桥主马路的一个十字路口上，上夜班的工人，常常会看到焊接室办公室的灯光，像一颗明亮的星星，总是亮到很晚……

曲岩是中铁山桥培养出的全国劳模，是一名优秀的电焊工，也因此，与从事焊接技术研究工作的徐向军结下不解之缘。曲岩在钢桥焊接过程中，遇到一些疑难杂症，常常会第一时间想到徐向军。每一次，徐向军都会耐心给予解答并给出最佳解决方案。在这位全国劳模眼里，徐向军是个什么样的人呢?

“徐主任对工作是极其认真负责的，焊接室同事编制的每个焊接工艺，他都是一字一句认真审核，发现问题都是直接指出问题所在，并给出改正方法，这也使得焊接室的同事在工作能力上有了迅速提升。我每次看到徐主任，都是在忙忙碌碌地工作。”

同样是中铁山桥优秀员工的代表，二人惺惺相惜，说到徐向军，曲岩的敬重之情油然而生。

焊接室一位青年工程师说：“徐主任就是个不折不扣的工作狂人，好像他从来不需要休息似的。”

工作狂，是一种忘我的、全身心的投入；工作狂，是用燃烧生命的方式，诠释对企业的忠诚与对工作的挚爱。徐向军平时是严厉的，甚至是严苛的。他对待工作一丝不苟，严谨到了一般人理解不了的程度。有一次，一位工程师将钢板试件的尺寸下得小了一些，不能满足U肋内焊要求。在一般人看来，完全可以满足焊接试验的要求，但徐向军却一口否定，说道：“与实际生产差别大，差一毫米也不行。咱们做桥梁焊评试验，就是给产品焊接提供科学依据的，所以必须严谨，绝不能马虎。”

手头工作忙碌完成或赶上周末不需要加班加点的时候，徐向军也会和手底下的工程师们开玩笑说，周末不加班，年轻同志都去搞搞对象吧，说得众人都忍不住开怀大笑。

徐向军不仅关心青年技术人员的工作问题，还特别关心他们的生活问题。中铁山桥属于重工企业，男女比例严重失调。好多青年技术人员的家在外地，他们的婚姻大事也成了一个不太好解决的难题。婚姻大事不解决，员工也无法踏踏实实安心工作。为了留住人才，也为了稳定军心，徐向军这个大男人竟然也扮演起“红娘”的角色来。徐向军给人介绍对象时，同样是胡同里赶猪——直来直去，单位里新来的大学生们大都“遭遇”过徐向军“直截了当”式介绍对象的尴尬。

不过虽然徐向军给人介绍对象是个门外汉，但因为他有一个特别体贴他、理解他的贤内助，弥补了他在这方面的欠缺。在他们夫妻二人共同关心努力下，还真促成了好几对儿。

跟随徐向军一起出过差的人都知道，无论是参加什么样的会议，只要有发言的机会，徐向军都会大张旗鼓地宣传和推广自己所在的企业——中铁山桥。从 PPT 的制作，到发言稿的撰写，大篇幅地宣传中铁山桥企业文化——“红桥”精神，赞美之词，溢于言表。没有对企业的忠诚，没有对企业的热爱，怎么可能如此不遗余力地为企业鼓与呼呢?

徐向军一年之中，至少有一半时间或是乘坐飞机或是搭乘高铁，在全国各地跑。中铁山桥制造的桥梁项目工地遍布大江南北，最多时候有四十几个，徐向军就像一名服从命令听从指挥的战士一样，只要上级领导一声号令，他就会打好背包，背起行囊，第一时间赶赴到最需要他的“战场”。

徐向军的背包非常有特点，他不像别人那样拉着旅行箱，而是像过去战士行军似的，双肩背一个大包。大包总是鼓鼓囊囊的，就像一个小型的仓库，里面常备着一年四季的换洗衣服，生活用品、食品、资料等等，应有尽有。

有一次，一个同事跟他出差去武汉，看到他背着那么大的一个包，十分不理解，说道：“咱们这次去武汉最多三天，你干吗带这么多东西，不嫌沉呀？”

徐向军却一脸的云淡风轻：“这是有备无患嘛，我也不知道我的下一站是不是能回家。”

果然，就被他言中。武汉这边的事情才刚刚收尾，徐向军就接到上级领导的电话，让他立即赶赴成都去处理棘手问题。

徐向军一直都知道，自己就算浑身都是铁，也打不出几颗钉，不可能靠一个人去战斗。虽然这个焊接室并不算大，只有十几号人，但这个团队，一直都是他最强大、最有力的支撑。中铁山桥焊接室成立有 70 多年了，一直都人丁兴旺，出过不少将才，有几届企业主要领导都有过焊接室的工作经历。也因此徐向军对年轻一代的发现与培养，格外重视。徐向军自己是教授级高级工程师，对焊接领域的知识要领、技术研究，早已达到了出神入化的境界。对于焊接室的年轻工程师们来说，徐向军就是一部活动的技术宝典，所以这些工程师们也都特别愿意向他请教。就像一位武林后辈，大师随意的几句点拨，就有可能让后辈受益匪浅，武力值能得到大幅度提升。

徐向军虽然每天忙得脚不沾地，但还是十分愿意回答年轻人提出的各种问题。他说：“一个问题，你们问我一遍两遍三遍，我都愿意回答，也特别欢迎你们提问，我希望你们都能尽快成长起来。”徐向军为了做好传帮带，每次深入生产一线，他都会特意带上几个手头不忙的年轻人，想通过在现场多走走、多看看，迅速提高他们的业务水平和业务能力。

中铁山桥屹立百年不倒，堪称奇迹，很多人都在寻找他青春永驻的密码。

有人说是红色传承，给了他巨大的动力；有人说坚定不移永远跟党走，给了他前进的方向；也有人说是百年匠心，精益求精，创新发展，让他的脚步越迈越稳健。

中铁山桥有许多像徐向军这样的人，在负重前行，在默默付出。在山桥走入低谷时，他们选择留下坚守；在山桥遇到困难时，他们选择面对担当；当山桥步入辉煌，他们却退到一旁，独自享受那一份成功的美好。

他们是中铁山桥的脊梁！

尾声

2021 年 6 月 30 日，焊接室接到一项特别紧急任务，要求他们在第二天之前必须完成，任务内容是为一个工程项目中钢管做焊评试验。本来相关部门已经为此开了协调会，但不知什么原因，焊接试验所需的钢板只送来对接焊一种，角接焊的钢板却没有到。徐向军一边打电话催促，一边安排人先做对接焊试验。等到对接焊试验做完，已经过了下班时间，角接焊的钢板却还是没有送到。为了确保明天之前完成全部焊评试验，徐向军果断安排手下的工程师、电焊工加班，手工加工坡口焊所需角度。在经过火焰切割、砂轮磨平等一系列加工之后，时间指向晚上 8 点。接下来又经过组装、施焊，一直忙碌到凌晨 1 点多。徐向军一边忙碌手头的其他项目工作，一边不时过来看看加工进度，陪伴他们一起加班。等到工程师们完成焊评报告之后，徐向军让他们赶快回去休息，但自己却没有走，而是留下来句斟字酌地审核焊评报告。等他全部完成审核，时间已经到了后半夜 2 点多钟了。

但第二天一大早，他又神采奕奕地出现在焊接室，和年轻的工程师们一同收看庆祝中国共产党成立 100 周年大会的现场直播。看着他炯炯有神的目光，年轻的工程师们都暗自佩服他们的徐主任，宝刀未老，比他们这些年轻人还精力旺盛。

收看建党百年庆典，徐向军压抑不住内心的激动。这些天来，席卷中华大地的红色浪潮，激荡人心，特别是通过党史教育学习，更是让他明悟了什么是初心，什么是使命。中铁山桥红色历史先驱王尽美，创建冀东地区第一个党组织的红色经典故事，就像一枚红色的按钮，一经触碰就让徐向军心潮激荡。百年中国的波澜壮阔，沧海桑田，百年山桥的沧桑巨变，跨越式发展，更是让徐向军激情满怀。

徐向军觉得，自己之所以能够取得一点点成绩，都源自中铁山桥给自己搭建了放飞梦想的舞台。自己做得还不够好、不够多，还需要更加努力，在新时代的逐梦道路上，快马加鞭，砥砺前行，才对得起闪耀在自己胸前的党员徽章。

此刻，电视屏幕上，七一庆祝大会正在隆重进行。天安门广场上，青少年的七一献词渐入高潮，激昂清亮的声音在会议室上空回荡：“嫦娥探月，蛟龙深潜，大国重器世人惊艳！科技强则国家强！”